Union africaine
et processus d'intégration

Études Africaines
Collection dirigée par Denis Pryen et François Manga Akoa

Dernières parutions

Constant SOKO, *Les Entrepreneurs Informels en Côte d'Ivoire. Entre l'État, le marché et les circuits de financement*, 2011.
Alphonse NDJATE, *La police des étrangers sous le règne du maréchal Mobutu*, 2011.
Pierre AKINWANDE, *Négritude et francophonie*, 2011.
Arlète TONYE, *Épargnants d'Afrique, inquiétez-vous !*, 2011.
Patrice ITOUA « Lepatrick », *Le cinquantenaire économique du Congo-Brazzaville. Fonctionnariat et entreprenariat*, 2011.
Pape Moussa SAMBA, *Léopold Sédar Senghor, philosophe de la culture*, 2011.
François Lonsény FALL, *Mon pari pour le Guinée. Le changement est possible*, 2011.
Emmanuel YENSHU VUBO, *Inventer un nouvel espace public en Afrique. Le défi de la diversité ethnique*, 2011.
Yaya KONE, *Anthropologie de l'athlétisme en Afrique de l'Ouest, La condition de l'athlète*, 2011.
Anna M. DIAGNE, Sascha KESSELER, Christian MEYER (éd.), *Communication Wolof et société sénégalaise. Héritage et création*, 2011.
Fabrice AGYUNE NDONE, *Changement social chez les Makina du Gabon*, 2011.
B. H. MOUSSAVOU, *Prisons africaines. Le cas du Gabon*, 2011.
MOTAZE AKAM, *La sociologie de Jean-Marc Ela*, 2011.
Léon Modeste NNANG NDONG, *L'effort de guerre de l'Afrique. Le Gabon dans la Deuxième Guerre mondiale (1939-1947)*, 2011.
Joseph MBOUOMBOUO NDAM (sous la dir.), *La microfinance à la croisée des chemins*, 2011.
Benoît AWAZI MBAMBI KUNGUA, *De la postcolonie à la mondialisation néolibérale Radioscopie éthique de la crise négro-africaine contemporaine*, 2011.

Moïse Tchando Kerekou

Union africaine et processus d'intégration

Préface de John Igué

© 1re édition, *The Process of Integration in Africa. African Union Weak Institutions*, VDM Verlag, 2009.

© L'Harmattan, 2011
5-7, rue de l'Ecole-Polytechnique, 75005 Paris

http://www.librairieharmattan.com
diffusion.harmattan@wanadoo.fr
harmattan1@wanadoo.fr

ISBN : 978-2-296-55527-3
EAN : 9782296555273

*À mon Père, le Général Mathieu KEREKOU.
Qu'il veuille trouver, à travers le présent ouvrage,
le fruit de ses sacrifices envers l'Afrique en général
et la Nation béninoise en particulier.*

Remerciements

Tout travail de recherche est l'aboutissement des efforts conjugués de plusieurs acteurs, à qui nous tenons à témoigner ici sincèrement toute notre gratitude.

Il s'agit notamment de :

- Professeur Hilal KHASHAN ;
- Dr. Karim MAKDISI ;
- Dr. Maroun KISIRWANI ;
- Dr. Khadim NIAMA ;
- Dr. Nawaf SALAM.
- Professeur John IGUE ;

Je voudrais réserver une mention spéciale au Pr. John IGUE pour ses conseils, ses encouragements et son remarquable travail de supervision de la traduction.

Mes remerciements vont aussi à l'endroit du Pr. Honorat AGUESSY, du Pr. Alfred OPUBOR, de M. Bernard KIKISSAGBE et de M. Mahoussi DEDJRO.

Préface

Par la marche vers l'intégration en Afrique, les pays africains ont choisi plusieurs options : l'intégration régionale de proximité et la construction de l'unité africaine. Ces démarches visent les mêmes objectifs : mieux faire face à la balkanisation excessive du continent, s'unir pour parler d'une seule voix dans le monde et mieux faire face au défi du développement et du bien-être des populations.

Malgré ces nobles objectifs, les résultats obtenus, tant en ce qui concerne les regroupements de proximité que la promotion de l'unité africaine, sont encore insuffisants. Certes, certaines expériences, comme la Communauté Économique des États de l'Afrique de l'Ouest (CEDEAO) et la Communauté des États d'Afrique de l'Est (CEA), ont connu des avancées notables. De même, l'ancienne Organisation de l'Unité africaine (OUA), malgré ses multiples faiblesses, a permis aux Africains d'achever la décolonisation de leur continent.

Mais, plus on avance vers la remise en cause des frontières héritées de la colonisation, plus s'affirme la nécessité de bâtir des États solides, gage d'une intégration réussie. Face à plusieurs révolutions qui affectent actuellement le monde, les différents schémas de réorganisation spatiale et territoriale butent sur de profondes difficultés. L'analyse de ces difficultés est devenue une tâche majeure de plusieurs intellectuels et institutions internationales. On connaît bien les travaux de S.K.B. Asante[1], de la Commission économique pour l'Afrique (CEA)[2] et du Center for Regional Integration Studies (CRIS)[3],

---

[1] Sur les travaux de SKB Asante, on peut se référer au : Select Bibliography in Building Capacity in African Regional Integration. GIMPA, Accra (Ghana), July 2007.

[2] On peut se référer entre autres à : État de l'intégration régionale en Afrique – Rationalisation des communautés économiques régionales. Commission économique pour l'Afrique, ARIA II, 2006 et à État de l'intégration régionale en Afrique. Une étude de la CEA - 2004.

[3] En ce qui concerne les travaux du CRIS, on peut se référer à son site internet www.cris.unu.edu

antenne de l'Université des Nations Unies sur les problèmes de l'intégration régionale en Afrique.

Le présent travail signé de notre jeune compatriote Moïse KEREKOU sur les faiblesses des institutions de l'Union africaine (UA) va dans le même sens. Après avoir analysé les expériences de l'intégration en matière de coopération et dressé l'historique des États africains, l'auteur du présent ouvrage définit les différents concepts qui entourent les regroupements régionaux pour voir si les Africains ont bien pris soin de maîtriser les contours idéologique et sémantique du processus de construction régionale. Si, devant une multitude d'approches, il n'était pas plutôt urgent que dès le départ, soient clarifiés les canaux par lesquels une construction régionale pourrait donner de bons résultats. Faute de cette clarification idéologique et sémantique, on constate qu'il manque, à plusieurs expériences régionales, des piliers solides pour garantir leur avenir et leur bon fonctionnement. En l'absence de ces piliers, c'est plutôt le mimétisme qui a prévalu dans les différentes démarches. Du coup, se posent aujourd'hui à l'Union africaine plusieurs défis dont les plus analysés dans cet ouvrage concernent les mécanismes de distribution du pouvoir, la prééminence des prérogatives étatiques et le manque des orientations stratégiques. Ces différentes questions attestent alors de la nécessité pour les Africains de quitter le champ du mimétisme pour inventer de nouvelles pistes d'action qui puiseraient leur origine sur le legs culturel. Ce faisant, la voie africaine deviendrait plus originale et crédible et les approches de développement autocentrées.

De ce qui précède, le livre de Moïse KEREKOU ci-présent, qui provient d'une thèse de master soutenue à l'Université Américaine de Beyrouth au Liban et déjà publiée en version anglaise par la maison d'Édition Verlag Dr Muller, me paraît une bonne démarche.

John Igué
Directeur scientifique du LARES
Laboratoire d'analyse régionale et d'expertise sociale
Cotonou (Bénin)

Avant-propos

L'intégration est un sujet passionnant, vaste et complexe. Depuis 2002, la question de regroupement des pays africains fut pour moi un sujet d'intérêt majeur de par ma position de membre-fondateur du Mouvement International de la Jeunesse africaine (MIJA), Organisation Non Gouvernementale (membre du Forum des ONG d'Afrique - FONGAF) dont l'objectif principal est la promotion des idées du panafricanisme. Qui n'a jamais été séduit par les idées du panafricanisme, par l'idéal poursuivi par les grands penseurs et leaders politiques africains que sont Kwame Nkrumah, Sékou Touré, Julius Nyerere, Mouammar Kadhafi, etc., par cette soif de libération définitive du joug colonial et du néo-colonialisme ambiant qui prévaut en Afrique ?

Mes nombreux voyages à travers l'Afrique, mes rencontres tant avec des leaders politiques, des opérateurs économiques et des acteurs sociaux africains de premier plan lors des séminaires, forums, réunions de tout genre ont tôt fait de transformer cette étincelle latente en une ardente flamme brûlant en moi. La grande question fut pour moi la suivante : pourquoi les peuples africains, qui ont partagé la même histoire et ont fait face aux mêmes défis, peinent à rendre effective l'unité sur le Continent ? Pourtant, tout porte à croire qu'ils sont un seul et même peuple. À voir les grandes mutations mondiales, je reste convaincu d'une certitude : les pays africains n'ont pas le choix, une seule voie s'offre et s'ouvre désormais à eux, l'intégration. Quelle que soit la forme qu'elle prendra ou le procédé par lequel elle se fera - politique, économique ou culturel, il urge de s'intégrer. Cette quête de compréhension des contours de l'intégration a été le principal motif des recherches entreprises dans le cadre de la rédaction de mon mémoire de master soutenu à l'Université Américaine de Beyrouth. Les résultats desdites recherches sont exposés dans cet ouvrage.

Selon David Puchala (1972), la quête de définir l'intégration est comparable à la situation d'un aveugle confronté à un travail de définition de l'éléphant. Ceci est juste dans la mesure où ma détermination s'est heurtée à des difficultés dès le début quant au choix de l'angle sous lequel le sujet devrait être abordé. D'abord, de quelle intégration voudrait-on parler ? S'agit-il de l'intégration politique ou de régionalisation (intégration économique) ? Autrement dit, parle-t-on de l'Union africaine (UA) ou des regroupements régionaux tels que la CEDEAO, la SADC, la CEMAC, etc., ou encore des États-Unis d'Afrique ? Le choix a finalement porté sur l'intégration politique et l'UA avec ses différentes institutions, compte tenu de la nature intergouvernementale de l'Union, c'est-à-dire eu égard au rôle prépondérant des chefs d'État et de gouvernement dans l'élaboration des politiques de l'Union, voire dans la conception des politiques économiques des régions. Or, le Sommet des chefs d'État et les autres institutions restent le lieu par excellence d'échanges et de négociations ; il n'existe pas d'autres creusets et mécanismes de gestion des affaires de l'intégration comme c'est le cas au sein de l'UE. Pendant un bon moment, en tout cas aussi longtemps que les États ne vont pas renoncer à une partie de leur souveraineté, les institutions joueront toujours les premiers rôles. D'où l'importance de se focaliser sur leurs apports et leurs capacités à déterminer le cours de l'intégration.

À ce niveau, ont surgi quelques difficultés. La première a concerné la littérature liée au concept d'intégration et surtout au traitement de la question de l'UA. Il n'y a pas de commune mesure entre la littérature européenne relative au sujet de l'Union européenne et la littérature africaine qui se révèle absente sur le terrain de l'UA. Les seules littératures disponibles sont celles liées à l'historique de l'UA, c'est-à-dire à l'évolution de l'intégration depuis l'OUA jusqu'à la formation de l'UA. Notons, tout de même, le travail remarquable des chercheurs africains dans le cadre de l'intégration régionale. La littérature communautaire (relative à chaque communauté régionale) foisonne dans les domaines économique (monnaie, échanges commerciaux…) et social (démographie, aménagement spatial, éducation…). Il a donc fallu faire appel à la comparaison en s'appuyant sur la littérature de l'intégration européenne pour comprendre les institutions de l'UA qui ne disposent pas, à l'instar de l'UE, d'un cadre théorique. Or, la théorie est une maquette qui doit servir à la vraie construction. C'est un sérieux handicap sur lequel les chercheurs devront rapidement se pencher. L'Afrique ne peut pas se construire sans plan. Toute œuvre d'édification digne de ce nom doit disposer d'une maquette.

La deuxième difficulté relève du fait que les institutions de l'UA ne sont pas comparables aux institutions d'une république. Il s'agit de supra-institutions puisqu'elles regroupent en leur sein des fonctionnaires de plus d'une cinquantaine de pays soucieux du maintien de leur souveraineté respective. Les institutions deviennent de hauts lieux de la politique où chaque État défend ses intérêts. Elles constituent de véritables centres d'observation des rapports de force et de politique. Chaque État vient avec son histoire, sa culture, son mode d'organisation et ses caractéristiques politiques. En tout état de cause, une recherche documentaire ne pourrait jamais fournir un tableau de la situation au sein des institutions. Des investigations à Addis-Abeba, Bruxelles, mais aussi dans les capitales où se prennent les grandes décisions telles que Tripoli (Libye) ont été indispensables. Il fallait chercher l'information au cœur même du système. L'une des difficultés non négligeables aura été par ailleurs la réticence des fonctionnaires à fournir des informations fiables et récentes. La recherche s'est étalée sur une période d'un an. C'est l'occasion de renouveler toute ma gratitude à tous ceux qui se sont rendus disponibles dans cette quête d'informations.

L'étude a procédé à un diagnostic des institutions de l'UA à la lumière des théories de l'UE et surtout de l'expérience européenne en matière d'intégration. Le constat est frappant, révélateur de nombreuses tares de l'institution. En effet, si le modèle institutionnel qu'a adopté l'UA est une réplique du modèle de l'UE, il existe un grand fossé structurel et organisationnel entre les deux organisations. Le changement ne peut provenir que d'une véritable transformation institutionnelle faite de réformes profondes et de mesures hardies qui devraient accélérer le processus d'intégration en cours en Afrique. Je ne partage donc pas le point de vue des pessimistes qui argumentent que l'UA est un bateau qui chavire ou une utopie.

Cet ouvrage est le fruit d'une recherche scientifique. Il est destiné aux étudiants, aux chercheurs, aux fonctionnaires internationaux et à tous ceux qui font de l'intégration un sujet de préoccupation. De manière sûre et certaine, il conduira tout lecteur vers une nouvelle approche de l'intégration en Afrique. Il est aussi destiné à tous ceux qui souhaitent compléter leur littérature et élargir leur champ de connaissances en matière de politique africaine.

Mon ardent désir est que ce travail puisse contribuer au renforcement des institutions de l'UA, à l'accélération du processus d'intégration et au développement de l'Afrique.

Abréviations

AC	Acte Constitutif
Alena	Accord de Libre Echange Nord américain
Apec	Asia Pacific Economic Cooperation (Coopération économique Asie-Pacifique)
Asean	Association of South East Asian Nations (Association des Nations de l'Asie du Sud-Est)
BM	Banque Mondiale
CAJ	Cour africaine de Justice
CEA	Communauté économique africaine
CECA	Communauté européenne du Charbon et de l'Acier
CEDEAO	Communauté économique des États de l'Afrique de l'Ouest
CEE	Communauté économique européenne
CEEAC	Communauté économique des États de l'Afrique Centrale
CEPGL	Communauté économique des Pays des Grands Lacs
CESC	Conseil économique, Social et Culturel
CSSDCA	Conférence sur la Sécurité, la Stabilité, le Développement et la Coopération en Afrique
FMI	Fonds Monétaire International
IGAD	Intergovernmental Authority on Development (Autorité Intergouvernementale sur le Développement)
MAEP	Mécanisme africain d'Évaluation par les Pairs
Mercosur	Mercado Comun del Sur (Marché Commun du Sud)
NEPAD	New Partnership for African Development (Nouveau Partenariat pour le Développement de l'Afrique)
NU	Nations Unies
ONGs	Organisations Non Gouvernementales
OUA	Organisation de l'Unité africaine

PAS	Programme d'Ajustement Structurel
PPA	Parlement panafricain
RDC	République Démocratique du Congo
REC	Communauté économique Régionale
RI	Relations Internationales
SADC	Southern African Development Cooperation (Coopération de Développement Sud africain)
UA	Union africaine
UE	Union européenne
UEM	Union économique et Monétaire
UMA	Union du Maghreb Arabe

I. Introduction

Les événements et les phénomènes de toute nature qui ont envahi notre planète ces derniers siècles ont affecté profondément, aussi bien positivement que négativement, les États et les nations. Le monde change, c'est incontestable. Ces multiples et divers changements mondiaux ont un impact sur le quotidien des peuples. Le changement à grande dimension le plus connu et encore en cours est le phénomène sans précédent de la mondialisation qui impose des défis multidimensionnels et oblige les décideurs à prendre des mesures adéquates. Avec l'avènement de la globalisation les États, en quête perpétuelle de survie et de prospérité, recherchent la paix, le dialogue, le consensus et la coopération, au lieu de la guerre, des conflits et des disputes pour régler leurs différends. La réponse actuelle à la globalisation dont le début se situe au milieu du 19ème siècle, est l'« Intégration » ou la « Régionalisation ». L'intégration prend en compte dans son ensemble le processus de coopération entre États ; processus visant à établir un nouveau centre de prise de décision et un sentiment de communauté à l'intérieur d'un espace (région) particulier et précédemment semi-disparate. Tandis que la régionalisation est plutôt la conception restreinte de l'intégration dans sa dimension économique. En plus de son usage multiple en politique et dans les discours politiques, il existe plusieurs définitions littéraires de l'intégration. Cependant, dans de nombreuses recherches, la dimension politique est souvent mise en exergue. Hass, par exemple, définit l'intégration comme « le processus par lequel les acteurs politiques dans plusieurs regroupements nationaux distincts sont amenés à déplacer leur loyauté, leurs attentes et leurs activités politiques vers un nouveau centre, dont les institutions possèdent ou demandent une prépondérance sur ces États préexistants. Le résultat final d'un processus d'intégration politique est la formation d'une nouvelle communauté politique, superposée à celles préexistantes » (Rosamond 2000, 12). De même, Michael Hodges comprend l'intégration comme « la formation de nouveaux systèmes politiques en dehors des systèmes politiques qui ont été jusqu'ici séparés » (Rosamond 2000, 12). Le passage vers un nouveau système semble être au centre de toute intégration. Reginald Harrison le confirme en mettant l'accent sur l'importance d'un centre de décision: « le processus d'intégration peut être défini comme la réalisation dans un espace donné, d'une communauté politique liée, d'institutions centrales qui ont des pouvoirs de décision contraignant, et de méthode de contrôle assurant une distribution de valeurs au niveau régional et aussi un mécanisme adéquat de recherche de consensus » (Rosamond 2000, 12). Grosso modo, il convient de retenir de ces définitions trois éléments qui sont centraux à l'intégration: un processus, un arrangement politique et institutionnel.

Alors que le processus d'intégration à ses débuts peut inclure des aspects économiques ou plus tard revêtir des dimensions culturelles et sociales, l'aspect essentiel est avant tout politique: il dépend de la volonté des acteurs politiques ou des décideurs politiques au plus haut niveau. En outre, l'intégration produit des résultats qui sont essentiellement fonction des préférences des États engagés. Aujourd'hui, l'intégration est largement acceptée comme une réponse directe au processus de la mondialisation. Le processus d'intégration commence lorsque des États décident délibérément, à l'intérieur de leur juridiction respective, d'unir leurs forces en réponse commune contre des menaces internes et externes qui pourraient nuire à leur survie. Dans presque toutes les régions - Europe, Asie, Amérique, Afrique - la tendance est à la régionalisation et à l'intégration. C'est un processus à long terme qui suppose un engagement politique fort et des institutions efficaces. Partout dans le monde, les fruits de l'intégration politique et économique sont très manifestes à tel point que certaines régions, principalement l'Europe et l'Asie, ont connu une renaissance, une émergence, et une position dominante sur l'échiquier international. Par exemple, la vitalité économique de l'Union européenne (UE) révèle la renaissance de la « vieille » Europe, l'émergence d'une future puissance régionale et le poids politique de ce groupe d'États dans les décisions internationales. Le succès de l'intégration européenne est dû à la ferme volonté politique et à la stabilité des institutions établies par les États membres. Progressivement, l'UE s'oriente vers une constitution unique et un modèle fédéral qui couronneront de succès les efforts déployés depuis 1957, avec la signature du traité de Rome instituant la Communauté européenne du Charbon et de l'Acier (CECA). Les États membres ont très tôt et clairement compris que seuls, ils ne peuvent maintenir la paix, répondre aux revendications nationales croissantes, et faire face aux multiples et diverses menaces extérieures. Les acteurs de l'UE ont vigoureusement propagé leur modèle à tel point que de nombreux pays de l'Europe de l'Est et même de l'Afrique du Nord frappent à la porte, en attente que leurs requêtes d'adhésion soient acceptées. D'autres régions comme l'Asie, l'Amérique, et surtout l'Afrique s'efforcent de suivre le chemin tracé par l'UE.

La nouvelle Union africaine (UA) veut être la réponse du continent africain à la mondialisation et, en même temps, un interlocuteur fiable des autres organisations régionales comme l'UE et l'Association des Nations d'Asie du Sud-est (Asean). Il est largement reconnu que le modèle institutionnel de l'UA fut inspiré du modèle de l'UE en raison de la similitude des caractéristiques de leurs institutions (Buyoya 2005, 171). Malheureusement, l'UA ne connaît pas autant de succès que l'UE dont les États jouissent de la paix, de la sécurité et de la prospérité. L'UA est une panacée de son prédécesseur, l'Organisation de l'Unité africaine (OUA), qui a été stigmatisée comme un simple club de dictateurs prolixes. L'ancienne organisation a été créée en 1963 à l'aube des indépendances avec trente-trois (33) États membres africains signataires de la Charte. Son but consistait «...à donner un sens à l'action collective de l'Afrique en matière de développement économique interne et de libération du régime colonial en Afrique australe» (Khadiagala et Lyon 2001, 4). Elle a atteint efficacement ce but, sans toutefois réaliser l'objectif ultime de l'intégration politique et économique du continent et la création des États-Unis d'Afrique. Son successeur l'UA, a été créé en grande pompe par cinquante-trois (53) États, il y a seulement cinq ans, à Durban (Afrique du Sud) afin de pallier les faiblesses de l'OUA et d'accélérer le processus d'intégration sur le continent. Mais, depuis sa création et en dépit du nouvel Acte Constitutif (AC) et des arrangements institutionnels, l'UA est aussi confrontée à de nombreux obstacles, comme son prédécesseur. Cette situation a conduit de nombreux observateurs à conclure que l'UA est un idéal sans espoir. Le magazine continental « Jeune Afrique », dans son édition du 21 au 27 Janvier 2007, a publié un article sévère du triste état de l'Union, intitulé « Peut-t-on sauver l'Union africaine? » L'article dépeint l'UA comme un navire égaré, fustige l'attitude ambiguë des chefs d'État et souligne le manque de ressources humaines et financières à l'appui de l'ambitieux projet africain. Cet article est une accusation grave et sévère contre l'UA, qui n'a pas réussi à résoudre les conflits à travers le Continent, encore moins à coordonner et à accélérer le processus d'intégration au niveau régional (Samy Ghorbal 2007, 33-38).

Aujourd'hui, en Afrique, de nombreux leaders d'opinion, universitaires, écrivains, et citoyens propagent et alimentent une idée pessimiste de l'intégration africaine. Ces sceptiques de l'intégration soutiennent et avancent les idées selon lesquelles il n'y a pas d'espoir pour l'Afrique de s'unir, de s'intégrer et de mettre en place les États-Unis d'Afrique. Leurs arguments se fondent sur le fait qu'il n'existe pas de véritables États-nations en Afrique et que la question de la souveraineté empêche les États de s'engager entièrement dans le grand projet politique panafricain. En effet, les États africains modernes sont des constructions tribales artificiellement constituées par les puissances coloniales pour répondre à leurs propres intérêts. La colonisation a divisé des tribus homogènes et a intégré des tribus hétérogènes au sein de limites administratives qui, plus tard, sont devenues des pays. Ainsi, il n'est pas surprenant que les gens rendent plus hommage à leur communauté tribale qu'à l'administration coloniale dont les fondations et les institutions sont restées inchangées, malgré le départ des colons. Les nouveaux États ont hérité en grande partie de ces fondations. En dépit de la hausse de la tendance vers le nationalisme, dont l'origine peut remonter en 1900,[4] bien avant l'indépendance (Davidson 1994, 32), la légitimité des États africains est toujours remise en cause par le climat d'appartenance ethnique ou tribale qui souffle sur les nations modernes. L'ethnicité - qui est ancrée dans la société africaine - est non seulement une force tribale primordiale, un vestige de l'époque révolue, mais également la caractéristique d'une identité sociale de plus en plus moderne. Il n'y a pas de Nigérian ou de Soudanais au sens propre du terme comparé à un Britannique ou à un Français, à tel point qu'on s'interroge sur l'efficacité des efforts déployés vers l'unité par les dirigeants africains depuis bientôt 50 ans. Pour les pessimistes, les États africains modernes ne peuvent pas s'intégrer en raison du fardeau de l'héritage colonial, de l'accroissement de la culture de l'appartenance ethnique, et des conséquents systèmes de valeurs traditionnelles qui sont difficiles, voire impossibles à renverser. Selon eux, l'intégration est une utopie.

Heureusement, il existe un autre courant de pensée composé de personnes qui croient que l'intégration de l'Afrique est réalisable. Selon eux, la question est de savoir comment aller le plus rapidement possible vers la création d'un nouveau centre de décision fort d'institutions supranationales qui, selon eux, est la seule garantie pour surmonter l'héritage colonial, lutter efficacement contre l'appartenance ethnique et intégrer l'ensemble du continent. Ils appuient leurs arguments sur le fait que l'Afrique est une et indivisible. Elle représente un seul espace géographique, donc un État unique, et les peuples africains ont la même identité culturelle. Alors qu'il est encore difficile à l'extérieur des frontières de l'Europe, et ce malgré l'exploit de l'UE, d'étiqueter d'Européen aussi bien le Français que le Britannique, il est beaucoup plus facile d'étiqueter un Béninois ou un Tanzanien d'Africains. Ceci est valable pour les autres nationalités, quels que soient les pays dont ils sont issus. Le sentiment de communauté et d'uniformité de l'identité existe à l'intérieur et à l'extérieur du continent africain, car les Africains partagent le même passé, la même histoire, les mêmes

---

[4] Premier congrès panafricain qui a eu lieu à Londres

problèmes, les mêmes menaces collectives ; et ils affronteront demain les mêmes défis. Le groupe des optimistes réfute les arguments des pessimistes en soutenant que l'intégration sur le continent est déjà lancée avec ou sans la volonté des acteurs politiques. Le processus a déjà commencé, il est confronté à des revers, il ralentit quelquefois, il s'interrompt même momentanément, mais la dynamique est toujours là, parce que justement les frontières artificielles des États sont vides de sens pour les citoyens africains. En effet, étant fondamentalement tribaux et se comportant en conséquence, les peuples africains ne peuvent pas être limités par des frontières artificielles. L'ampleur de la migration le long de la côte occidentale d'Afrique est une preuve suffisante de la futilité des frontières et la construction de plus en plus croissante des réseaux commerciaux et sociaux (Bach, 1999). En outre, les optimistes font valoir que les crises et les différents conflits territoriaux prendront fin dès que l'ensemble du continent sera unifié. Aussi longtemps que les frontières ne seront pas supprimées, ces conflits subsisteront. Finalement, ils reconnaissent que l'intégration est difficile, mais pas à la mesure de la rendre impossible. Ce point de vue des optimistes paraît plus soutenable.

Qu'est-ce qui fait que l'intégration en Afrique est problématique ? C'est la question autour de laquelle les arguments vont évoluer. Il faut reconnaître que l'intégration avance très lentement et que l'UA est entrain d'échouer dans la réalisation de ses principaux objectifs. Il est aussi important de noter que : premièrement, aucun État moderne africain ne peut revendiquer ou prétendre être vraiment un État-nation. Il y a, certes, des États mais pas des nations ; deuxièmement, à cause du legs laissé par la colonisation, aucun État moderne africain n'est vraiment indépendant. En d'autres mots, les États ne peuvent jouir d'une réelle souveraineté, encore moins peuvent-ils revendiquer séparément leur propre identité. En revisitant l'histoire, la terre africaine, depuis la Conférence de Berlin (1884-5) jusqu'aux années 60, était la « chasse gardée » des puissances coloniales dont l'héritage patent est la division du continent en de nombreuses zones administratives qui sont devenues les États modernes.⁵ L'héritage colonial et ses potentiels problèmes sous-jacents⁶ ont sérieusement affecté le mode d'organisation de la société africaine et les politiques des États africains, endommageant ainsi le tissu socioculturel africain dans lequel s'émancipaient les peuples noirs. Les longues et récurrentes crises, ainsi que les multiples conflits en cours sur le continent trouvent leur origine dans la partition géographique de l'Afrique. Le génocide au Rwanda, la faillite de la Somalie, la guerre civile au Libéria, le conflit armé en Angola, le différend frontalier entre le Maroc et l'Algérie autour du Sahara Occidental sont quelques illustrations de l'instabilité politique et sociale, partout, sur le continent. Et ce n'est pas tout, à l'intérieur des États, le pouvoir colonial a infligé de sérieux dommages qui se manifestent par : un écart sur tous les plans entre les administrations et leurs sociétés respectives, des institutions politiques fragiles, une dépendance économique, une formation mitigée des élites. Autant d'handicaps qu'on ne peut ignorer et qui sont difficiles à surmonter. C'est dans ce contexte de défis internes et de pressions externes que l'UA évolue. Il est vrai, et on doit le reconnaître, que les résultats actuels de l'UA sont faibles et très loin des attentes. Cependant, il est trop tôt pour conclure que l'UA a échoué. Le tableau n'est pas totalement sombre.

---

⁵ Voir Figures 1&2
⁶ Voir Tableau 1.1

Fig.1. : Afrique Coloniale en 1945
Source: McEWAN, Peter J. M. 1965. *The study of Africa. Edited, with notes and commentaries, by peter J. M. McEwan and Robert B. Sutcliffe. [with maps.].* pp. xii. 444. Methuen & Co.: London.

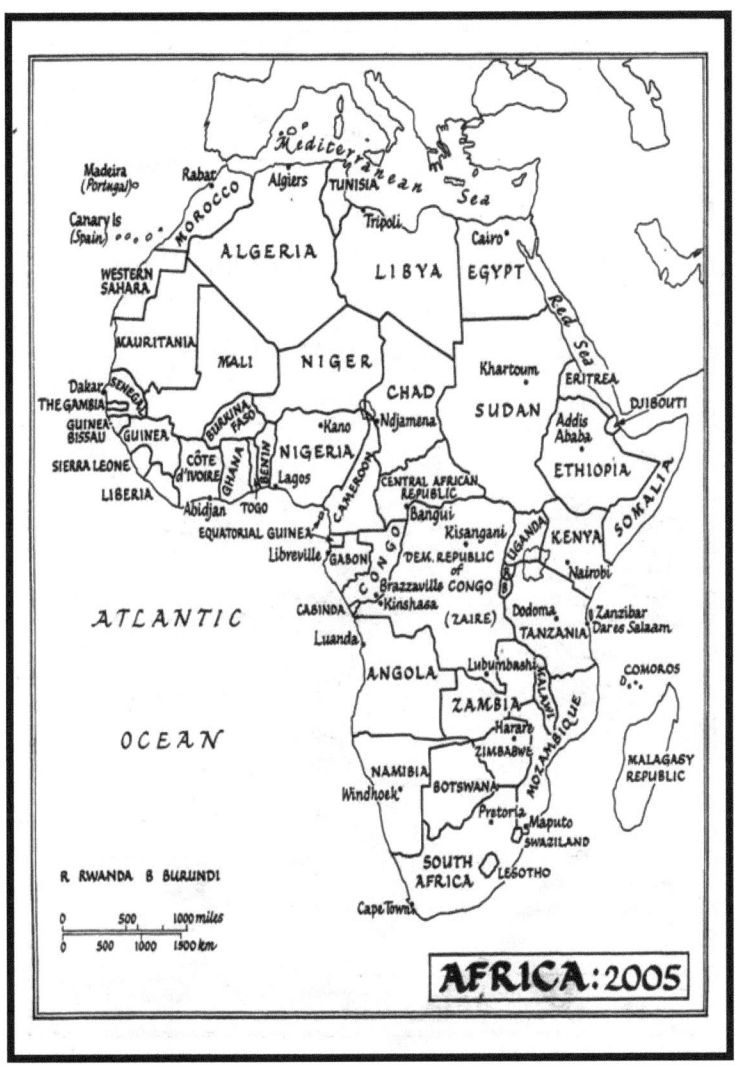

Fig.2. : États modernes africains en 2005
Source: Meredith, Martin. 2005. *The state of Africa: A history of fifty years of independence.* London; New York: Free Press.

Tableau 1.1. : Problèmes potentiels créés par l'héritage colonial

Frontières Arbitraires	*Problèmes potentiels:* • Unités territoriales illogiques • Communautés divisées • Mouvements irrédentistes • Compétitions ethniques internes • Unités économiques inappropriées • (hinterland, sans ressources)
Faibles liens entre État et société	*Problèmes potentiels:* • Aucun partage de la culture politique entre état et société • Un déficit de légitimité • États irresponsables • Société civile détournée • Société se désengageant de l'État
Formation de l'élite de l'État	*Problèmes potentiels:* • Forte association entre la fonction politique et la richesse personnelle • Morbidité sociale dominée par l'accès à la corruption au sommet de l'État • Une bureaucratie bourgeoise exploitatrice
L'héritage économique	*Problèmes potentiels:* • Désavantage dans l'économie internationale • Sous-développement des ressources humaines • Manque de services publics • Économie trop dépendante du secteur primaire • Dépendance sur les exportations • Penchant pour le marché européen, au détriment du marché local ou régional

	Problèmes potentiels:
Faibles institutions politiques	• Fragiles institutions démocratiques libérales sans amarres historiques • Retour au style colonial autoritaire et à l'État bureaucratique après les indépendances

Source: Thomson, Alex. 2000. *An introduction to African politics*. London; New York : Routledge.

A. Objectifs de la recherche

Le but de l'étude est d'apporter une réponse à la question relative à la problématique de l'intégration africaine. En dépit de la position des pessimistes qui soutiennent que l'intégration en Afrique est impossible en raison des conditions sociales, économiques et politiques qui ne font pas des États africains de véritables États-nations, il est possible d'envisager une nouvelle voie ou approche par laquelle l'intégration devienne réalisable. Malgré la myriade de problèmes auxquels sont confrontés les États africains, des solutions existent pour résoudre le problème de l'intégration. En effet, dans cette étude, il est démontré que le problème de l'intégration en Afrique découle de la faiblesse des institutions de l'UA. Les signaux qui corroborent cette affirmation sont les difficultés de l'institution : à harmoniser les vues divergentes des chefs d'État et les intérêts des États, à contrôler les organisations régionales qu'elle est censée accompagner pourtant, à régler toutes les crises majeures telles que la crise du Darfour et celle de la Somalie, à ramener la sécurité et la paix, en particulier dans la région des Grands Lacs et sur le continent en général, et à courageusement amorcer un véritable programme de développement devant conduire progressivement à la prospérité des peuples. Ces symptômes sont loin d'être exhaustifs. Il existe de nombreuses autres manifestations du problème qui jettent des doutes bien fondés sur la capacité de l'UA à gérer la question de l'intégration. L'UA est actuellement confrontée à plusieurs crises, une crise institutionnelle, une crise de crédibilité, une crise de légitimité, et surtout une crise d'identité.

Une fois que l'hypothèse a été établie et que les signaux ou symptômes ont été décelés, il convient d'ériger des arguments pour soutenir ce point de vue. Ces arguments développés visent à atteindre trois objectifs principaux. Le premier objectif est de clarifier le phénomène de l'intégration en définissant le concept. Les théories de l'intégration seront explorées et celles, soulignant l'importance des institutions dans l'élaboration du processus d'intégration, seront identifiées et développées. Plusieurs questions doivent trouver leurs réponses. Que signifie le concept « intégration » ? Quelles sont les dimensions de l'intégration ? Quelles sont les théories de l'intégration ? Quel est l'apport des théoriciens sur l'évolution du concept et du phénomène de l'intégration ? Est-ce qu'il y a une théorie qui met en exergue les institutions? Comment a évolué le débat entre les spécialistes de l'intégration ? Quels sont les éléments ou les événements qui ont contribué à susciter l'intérêt en faveur de l'intégration ? Quelles sont les caractéristiques de l'intégration ? Comment les théories contribuent-elles à façonner l'intégration régionale ? Existe-t-il une théorie de l'intégration africaine ? Les théories sont-elles suffisantes et utiles pour comprendre le problème de l'intégration en Afrique? Une fois les concepts et les théories clarifiés, il convient d'évaluer leur applicabilité sur le développement de l'UA. Ensuite, il faut identifier et répertorier les éléments des théories à examiner, pour finalement aboutir à un processus de conceptualisation et d'opérationnalisation afin de fixer les bases de la méthodologie sur lesquelles l'étude se déroulera.

Le deuxième objectif consiste à examiner les éléments extraits des théories et, à les analyser dans le contexte de l'intégration africaine. Etant donné qu'il a été établi que la faiblesse des institutions de l'UA constitue le problème d'une intégration dynamique, il est important d'examiner à la lumière des théories et des éléments identifiés, la Constitution de l'UA et les différents arrangements institutionnels subséquents. Plusieurs questions doivent trouver leurs réponses dans l'examen. Quelles sont les institutions de l'UA ? Comment fonctionnent-elles ? Où réside le pouvoir ? Comment le pouvoir est-il distribué au sein de l'UA et au sein des institutions ? Quels sont les États membres, les agents et les acteurs de l'intégration? Quels sont les États moteurs ? Comment influencent-ils les institutions? Comment peut-on expliquer les préférences d'intégration des États membres ? En quoi consiste l'identité politique, joue-t-elle un rôle significatif ? Quelles sont les variables qui affectent positivement et négativement les institutions de l'UA ? Les informations recueillies seront organisées et classées sous forme de résultats.

Enfin, le troisième objectif consiste à proposer des corrections aux dysfonctionnements ; autrement dit, il consiste en l'élaboration des recommandations réalistes, fondées sur les anomalies et les résultats trouvés après l'analyse des éléments étudiés. Ces recommandations ou mesures visent à améliorer l'efficacité des institutions de l'UA. Étant donné que le point de vue défendu est celui des optimistes, il est souhaitable, voire nécessaire, de faire des suggestions pertinentes et significatives de façon à ce que leur mise en œuvre puisse renforcer les institutions et accélérer le processus d'intégration en cours. Ces propositions doivent être réalistes et réalisables.

B. Importance de la recherche

L'intérêt d'étudier l'intégration africaine repose sur trois éléments: l'Afrique, en tant que région méritant d'être étudiée ; l'intégration, en tant que sujet des Relations Internationales (RI), et l'impact que peut avoir l'intégration sur le développement de l'Afrique. Tout d'abord, il faut examiner pourquoi il est utile d'étudier l'Afrique. L'Afrique est généralement indexée comme le continent qui fait honte, le continent des horreurs provoquées par le génocide rwandais, les guerres, les pires atrocités commises au Libéria, la pauvreté, la misère, l'injustice et le sous-développement. Malgré la masse d'informations diffusées sur les chaînes de télévision, la société africaine n'est pas encore bien comprise, aussi bien dans sa politique que dans son contexte socioculturel. L'opinion publique occidentale ne manque pas de stéréotypes, ce qui a naturellement ouvert la voie à des ambiguïtés. Il existe de nombreuses histoires fantaisistes tendant à uniformiser et à marginaliser l'Afrique qui est pourtant le berceau de l'Humanité, la terre de la première civilisation humaine, le réservoir de ressources humaines et naturelles ; et qui regroupe en son sein une diversité de sociétés multiculturelles. Comme preuve de ces stéréotypes négatifs, ce paragraphe très critique de Montesquieu,[7] « La plupart des personnes sur la côte de l'Afrique sont sauvages ou barbares, ils sont paresseux, ils n'ont pas de compétences, ils ont une abondance de métaux précieux qu'ils extraient directement de la nature. Tous les peuples civilisés sont donc en mesure de commercer avec eux à leurs avantages. Ils peuvent les convaincre de la valeur de choses qui ne sont d'aucune valeur, et l'obtenir à un prix très élevé pour eux » (Bayart 1993, 2). L'Afrique mérite plus que ces stéréotypes visant à limiter, à minimiser, et à détruire ses diverses richesses. Explorer l'Afrique a certainement autant de valeur qu'étudier l'Europe ou l'Amérique.

Deuxièmement, l'intégration est en train de devenir quelque part le plus ambitieux et le plus fascinant phénomène dans l'histoire des RI en tant que science, et dans l'histoire de la coopération internationale. D'une part, l'étude de l'intégration dans une région particulière amène les chercheurs à revisiter le passé en faisant ressurgir l'histoire des peuples et des États de ladite région, c'est-à-dire leur création, leur formation, leur structure, la géographie, et les constitutions. Il est impossible de comprendre l'intégration européenne, sans revisiter la révolution de 1789 qui a institué la « République ». Aussi, n'est-il pas possible de comprendre le fédéralisme américain, sans explorer le rôle des pères fondateurs des États-Unis d'Amérique. Pour comprendre le présent, il faut connaître le passé car l'histoire est une continuité, c'est-à-dire que le présent est la conséquence

---

[7] De l'esprit des lois, XXI.2 in Œuvres Complètes, Paris. Gallimard. 1951 vol. II. pp 602-603

du passé et le commencement de l'avenir. D'autre part, dans la marche vers l'intégration, les États engagés peuvent tirer beaucoup d'avantages, en accroissant leurs forces et en réduisant leurs faiblesses. Les États faibles sont soutenus par les États les plus puissants qui, d'une manière ou d'une autre, en retirent un certain nombre d'avantages. L'histoire de l'Europe a démontré que l'ampleur des conflits armés est prévenue, contenue et réduite à l'intérieur d'un espace intégré. Ce type de coopération, de consensus, peu importe comment on les étiquette, est vraiment nouveau dans l'histoire des États qui avaient appris à régler leurs différends par la guerre, les conflits, et la rupture des relations diplomatiques. Par exemple, ne serait-il pas utile et intéressant de savoir pourquoi en Europe, les États qui se sont combattus les uns les autres pendant une longue période, ont fini par s'unir ? Ou encore pourquoi, en Afrique, les États qui ont partagé un passé commun, connaissent une intégration difficile ? Ces questions méritent davantage d'attention et suscitent beaucoup de controverses qu'il convient à la science et aux théories d'analyser.

Troisièmement, l'intégration est en train de déterminer le cours de la vie de milliards de personnes, c'est-à-dire de l'ensemble de l'humanité. Les régions les mieux intégrées sont moins enclines à la guerre et aux grands conflits ; elles jouissent en général d'une paix durable et d'une stabilité politique. Par ailleurs, ces régions disposent de suffisamment de moyens, d'outils et d'atouts pour éradiquer la pauvreté, atténuer les effets néfastes de la mondialisation et combattre le sous-développement. En outre, l'expansion du commerce, l'amélioration des services publics, les progrès scientifiques et technologiques, la construction d'infrastructures, la croissance économique et le développement sont les résultats attendus d'une région véritablement intégrée. Étant donné que les êtres humains aspirent à la survie, à l'évolution et au bien-être, l'intégration est considérée comme une recette pour atteindre ces différentes exigences de la nature. En Afrique, l'intégration a connu un regain d'intérêt depuis que les dirigeants et les citoyens ont compris qu'il n'y a pas de développement sans dialogue, sans paix et sans croissance économique. L'intégration est efficace quand elle peut générer la paix, la stabilité politique, la croissance économique et le développement à travers la création d'un marché commun, la densification des réseaux de communications, l'échange d'expériences, le transfert de compétences, et la coopération réciproque. C'est pourquoi en Afrique, aujourd'hui, la question de l'intégration est presque dans tous les discours politiques, les débats et les sommets. Il est évident que la pauvreté n'est pas une fatalité et que le développement est possible sous l'angle de l'intégration. En effet, de nombreux arguments prônent la forte corrélation entre l'intégration et la stabilité politique, l'intégration et la croissance économique, l'intégration et le développement social. Certaines personnes sont tout à fait convaincues que, pour résoudre les problèmes de développement, il faut d'abord et avant tout résoudre en grande partie les problèmes d'intégration. Ainsi, l'intégration, en tant que nouveau phénomène, fournit de nouvelles approches de solutions et de réponses aux problèmes et aux questions liés au développement. L'intégration, sans nul doute, peut changer positivement la vie de plus de 850 millions de personnes vivant en Afrique.

C. Expériences de l'Afrique en matière de coopération

Les expériences de l'Afrique en matière de coopération remontent à la période coloniale et précèdent le Traité de Rome (1957), instituant la CECA. Les premiers accords africains sont ceux de la Communauté des États de l'Afrique de l'Est et de l'Union Douanière de l'Afrique de l'Ouest (Sawani 2005, 56). Cependant, la véritable coopération d'origine et de conception africaines a débuté en 1963 avec la création de l'Organisation de l'Unité africaine (OUA). Il s'agissait de la première phase de coopération sur le continent. Elle a marqué le début d'un long processus.

1. L'Organisation de l'Unité africaine

Composée des 33 nouveaux États indépendants, l'OUA a vu le jour le 25 Mai 1963. Deux points de vue se sont confrontés en ce début de création de l'Organisation. D'une part, il y avait un camp dirigé par l'ancien Président du Ghana, Kwame Nkrumah, qui voulait immédiatement la création des États - Unis d'Afrique. D'autre part, il y avait un autre groupe qui plaidait en faveur d'une approche progressive et graduelle de la construction de l'unité africaine. Ce second point de vue a été conduit par feu Mwalimu Julius Nyerere de l'ancienne Tanganyika (actuelle Tanzanie) et feu Félix Houphouët Boigny, ex-Président de la Côte d'Ivoire. Le concept de Nkrumah n'a pas généré assez de soutien de la part des chefs d'État qui, en lieu et place des États-Unis d'Afrique, ont opté pour une Organisation entérinant ainsi l'approche de Nyerere. L'esprit derrière cette démarche est que les États africains devraient commencer à se rassembler au sein de leurs régions respectives et, ensuite, se réunir à l'échelle continentale. Cette vision avait acquis plus de soutien de la part des chefs d'État qui étaient à ce moment-là réticents et réfractaires à l'approche fédéraliste ; pas question de renoncer à leur autorité et à leur souveraineté fraîchement acquises. Après ce regroupement et de nombreuses années d'activités, les acteurs et les décideurs en sont venus à reconnaître que ce rassemblement est trop large pour être en mesure de répondre à bon nombre de besoins de chacun des États membres. Donc, l'idée qui a suivi était telle qu'une grande partie du continent pourrait sans difficulté majeure être divisée et répartie en grandes régions dont les États membres avaient au moins un élément commun d'identité (Clapham 1996, 117). C'est ainsi que la méthode de Nyerere et les organisations régionales ont vu le jour.

2. La Communauté économique Régionale (CER)

La création de la CER a représenté la deuxième phase de la coopération africaine. La CER a été approuvée en 1980 avec l'adoption du Plan d'Action de Lagos et l'Acte Final de Lagos. C'est avec l'avènement de cette deuxième phase que l'on peut dire que la coopération a effectivement démarré avec la naissance du régionalisme au sein de chaque région. C'est un tournant important et significatif dans les efforts du continent pour l'intégration depuis 1963. Alors que les actions prises en 1963 ont été fortement couvertes par des enjeux politiques, la situation est devenue tout à fait différente en 1980 où l'aspect économique a pris le dessus. Dans l'Acte Final de Lagos, les dirigeants africains ont réaffirmé leur engagement à mettre en place d'ici l'an 2000, sur la base d'un traité qui doit être conclu, une Communauté économique africaine (CEA), de manière à assurer le développement économique, l'intégration sociale et culturelle du continent (Sawani 2005, 12). Après une décennie, en 1991, le traité envisagé est devenu effectif avec la création de la CEA connue sous le nom de Traité d'Abuja. Le traité, dans son point le plus novateur, a appelé à la création d'une monnaie unique africaine et à la mise en place des institutions de la CEA, notamment la Banque Centrale africaine et le Parlement panafricain (PPA). Chaque région principale a donc mis en place une organisation régionale qui pourrait mieux répondre à ses aspirations. Aujourd'hui, l'Afrique compte quatorze (14) accords d'intégration régionale de diverses conceptions, de diverses variantes et portées, et de divers objectifs (Nyirabu 2004, 22). Les principales organisations régionales actuellement en place et reconnues par l'UA sont au nombre de cinq (5): l'Union du Maghreb Arabe (U.M.A) avec 5 membres, le Marché Commun d'Afrique Orientale et Australe (COMESA) composé de 20 membres, la Communauté économique des États de l'Afrique Centrale (CEEAC) composée de 10 membres, la Communauté économique des États de l'Afrique de l'Ouest (CEDEAO) comptant 15 membres et la Communauté de Développement de l'Afrique du Sud (SADEC) comprenant 14 membres.

3. L'Union africaine (UA)

Le Traité d'Abuja (1991) et les diverses réformes ont engendré un débat à l'échelle continentale sur le modèle d'intégration approprié à l'Afrique. Entre temps, sur le continent, les défis à relever étaient aussi variés et l'OUA n'arrivait pas à imprimer une dynamique à l'intégration. L'intégration rampait et l'ensemble du continent était de plus en plus confronté aux effets de la mondialisation ; ce qui a amené les acteurs à explorer de nouvelles pistes de solutions. C'est dans cet esprit que la Conférence des chefs d'État et de gouvernement par le biais d'une déclaration adoptée à Syrte (Libye) le 9 septembre 1999, a décidé de créer l'UA en vue d'accélérer le processus de la mise en œuvre du Traité d'Abuja. La création de l'UA a marqué la troisième phase du processus d'intégration en cours. Cette dernière phase a été la plus importante, parce que les chefs d'État sont passés du stade de la rhétorique à un autre stade, celui tant souhaité de l'action ; de l'idée d'une simple coopération à l'idée d'une communauté forte, comme en Europe. Un an plus tard, en 2000, l'Acte Constitutif (AC) de l'UA a été adopté à Lomé (Togo) et trois ans plus tard, en 2002, l'UA a vu le jour effectivement à Durban (Afrique du Sud). L'accélération du processus d'intégration grâce à la poursuite de la mise en œuvre du Traité d'Abuja impose de nouvelles exigences à l'Union. En effet, elle suppose pour l'UA une nouvelle étape qui est celle de la constitution d'un cadre institutionnel et donc, de nouvelles institutions. Les principaux changements sont inclus dans l'AC de l'UA, qui diffère, à bien des égards, de son prédécesseur, la Charte de l'OUA. Tout d'abord, l'UA a fait une nette démarcation de l'OUA, en insistant sur le regroupement économique, puis sur l'édification d'une communauté plutôt que d'une simple coopération. En outre, la base institutionnelle de l'intégration a été clairement énoncée dans l'Acte. Contrairement à l'ancienne OUA, qui avait quatre principaux organes,[8] la nouvelle UA est dotée de neuf institutions, dont trois sont des institutions financières. En outre,

---

[8] Article 7 de la Charte de l'OUA

le rôle de la société civile dans l'UA a beaucoup évolué avec la création d'un Parlement panafricain (PPA) et d'autres organes tels que le Nouveau Partenariat pour le Développement de l'Afrique (NEPAD), la Conférence sur la Sécurité, la Stabilité, le Développement et la Coopération en Afrique (CSSDCA) et le Conseil économique, Social et Culturel (CESC) qui est le forum de la société civile. Enfin, l'AC de l'UA a mis l'accent sur certaines questions telles que la démocratie, la gouvernance et les droits de l'homme et a prévu les mécanismes d'observance de ses membres (Magliveras et Naldi 2002, 423).

4. Évaluation de la coopération

Malgré ces efforts louables en faveur de la coopération, le continent est loin de remplir les conditions nécessaires pour une intégration effective. Au niveau politique, les conflits armés et les guerres civiles sont cités comme principales sources d'échec. Par exemple, en Afrique de l'Ouest, le processus de régionalisation a été ébranlé par la crise en Côte d'Ivoire où le Burkina-Faso a pris une part active. On peut noter aussi les quinze années de guerre civile au Libéria et les récentes agitations sociales en Guinée, au Gabon, en Mauritanie, à Madagascar, au Niger, etc., qui sont des situations préoccupantes à l'échelle continentale et internationale. Dans le Nord de l'Afrique, le différend sur la souveraineté du Sahara Occidental a fait se rebeller pas moins de deux grandes nations, le Maroc et l'Algérie. C'est une raison parmi d'autres de l'échec de l'UMA. En Afrique Centrale, la situation est beaucoup plus alarmante. La guerre en République Démocratique du Congo (RDC), en particulier, a impliqué non seulement le Rwanda, l'Ouganda, le Burundi, l'Angola, la Namibie, mais aussi les autres voisins comme la République Centrafricaine, le Soudan, la Tanzanie, l'Afrique du Sud et le Zimbabwe qui ont pris une part active dans un sens ou dans l'autre (Sawani 2005, 162). Juste à côté de l'Afrique Centrale, dans la région des Grands Lacs, des pays comme la Tanzanie, le Rwanda, l'Est de la RDC, constituent de véritables plaques tournantes du trafic d'armes.

Dans la Corne de l'Afrique, les perspectives de paix sont plus minces. La Somalie ne peut plus être considérée comme un État depuis l'escalade de la guerre civile en 1991. L'Éthiopie et l'Érythrée connaissent des affrontements répétés qui ont causé beaucoup de dommages dans le processus de régionalisation à peine engagé dans cette région. Il existe encore quelques signes d'affrontements entre le Soudan, l'Éthiopie, le Kenya et l'Ouganda, et la crise actuelle en cours au Darfour rend l'intégration beaucoup plus difficile à apprécier. En Afrique australe, la guerre militaire et civile en Angola a complètement déstabilisé la région à cause de l'implication des pays voisins - tels que l'Afrique du Sud, la Namibie, le Zimbabwe - et de celle des compagnies multinationales. D'autres pays comme le Lesotho, le Mozambique et la Tanzanie sont également familiarisés avec les troubles civils en raison de leur gouvernance contestée. Ces conflits constituent un grave défi à relever pour la nouvelle UA. En effet, il ne peut y avoir d'intégration sans la paix. Par conséquent, la paix sur le continent constitue le défi le plus important de l'UA. Une autre explication possible de l'absence de succès très souvent évoquée est le manque de potentiel d'accroissement des échanges à l'intérieur de l'Afrique (Bach, 1999, 29). Le faible niveau des échanges intra-africains n'est pas seulement dû à la taxe douanière ou, plus généralement, aux multiples barrières douanières, mais également à l'absence d'infrastructures. Même au niveau international, la part de l'Afrique est très faible ; elle est constituée d'environ 2 % du commerce mondial. Aussi longtemps que les États poursuivront leurs politiques bilatérales et multilatérales, ils ne parviendront jamais à défendre fermement leurs intérêts. Le commerce intra-africain constitue le deuxième défi de l'UA. À défaut d'apporter la paix et d'accroître le niveau des échanges commerciaux, le modèle institutionnel de l'UA sera sérieusement compromis.

D. Historique des États africains

L'intérêt de revisiter l'origine des États africains est important pour comprendre le processus de balkanisation et ensuite de formation des États modernes de l'Afrique. Par conséquent, il devient beaucoup plus facile de comprendre l'origine de la situation critique en cours sur ce continent et de la politique moderne des États africains. Les États africains sont faibles car ils ne sont pas véritablement souverains, étant des inventions des puissances coloniales. En fait, les actuels États africains sont nés de la partition du continent par les anciennes superpuissances : France, Angleterre, Portugal, Italie, Espagne, Belgique et Allemagne. Arbitrairement, ces puissances ont divisé les terres de manière à ce qu'elles répondent à leurs propres intérêts et de manière à ce qu'elles satisfassent leurs appétits. Par exemple, la grande région de Bakongo avait été partagée entre le Congo français, le Congo belge, et l'Angola portugais. Quant à la Somalie, elle a été divisée entre la Grande-Bretagne, l'Italie et la France (Meredith 2005, 1). La partition a créé de nouvelles frontières qui réunissent de nombreux et divers groupes indépendants, qui n'avaient aucune histoire commune, aucune culture commune, aucune langue commune et aucune religion commune. Aujourd'hui, le Nigéria, par exemple, renferme plus de 250 groupes ethnolinguistiques. Au Congo belge, six mille (6.000) chefferies ont été identifiées par les fonctionnaires (Meredith 2005, 2). Toutefois, il est vrai que les premiers colons ont trouvé plus ou moins des sociétés sans États, qu'ils ont évidement considérées comme un signe de retard en raison de l'absence de lois et d'institutions formalisées. Néanmoins, les tribus autochtones étaient sous l'autorité de certaines coutumes, de souverains, et d'organisation politique adaptée à l'environnement dans lequel ils s'épanouissaient. Comme preuve, l'histoire a enregistré plusieurs luttes de résistance organisée contre les envahisseurs sur l'ensemble du continent du Nord au Sud, de l'Ouest à l'Est. Ces mouvements de résistance sont des illustrations vivantes de l'existence dans la zone de certains types de système politique ; indépendamment du fait qu'ils soient embryonnaires ou développés. La domination coloniale, loin de maintenir et renforcer ces systèmes, les a désintégrés en figures géométriques et en de nouveaux territoires. Les nouvelles frontières dessinées n'ont pas débarrassé le sentiment de lignée et de parenté qui a dominé les relations sociales précoloniales ; au contraire elles l'ont renforcé par l'accentuation de la culture de l'ethnicité et du tribalisme. La domination coloniale a échoué à désintégrer totalement comme elle le souhaitait la structure des organisations indigènes. À travers leurs méthodes de manipulation administrative et leurs subséquentes politiques de sélection (qui ont été l'une des causes du génocide au Rwanda), les superpuissances ont posé les bases de la division et ont renforcé le sentiment d'appartenance tribale. L'incapacité à satisfaire les revendications des peuples, à fournir des services publics de base, à garantir la vie des citoyens et à protéger les minorités a développé l'instinct grégaire de survie qui, logiquement, amène l'être humain en quête de sécurité à faire allégeance exclusivement à son clan. Il est connu que l'histoire est une répétition car, de nos jours, le même phénomène est récurrent. Lorsque les États ne parviennent pas à fournir les besoins de base tels que la sécurité, comme en Somalie et au Rwanda, les citoyens se rabattent sur leurs propres tribus, afin de bénéficier d'une protection. C'est une réalité dans la politique africaine et dans la société africaine. Le terme « quasi-États » illustre malheureusement cette réalité. Voila ainsi vérifiée l'affirmation selon laquelle les États africains modernes sont fragiles. En effet, ils sont un simple regroupement de différentes tribus distinctes les unes des autres, formant des « États » mais pas des « nations ».

Le leader Yoruba, Obafemi Awolowo, qui a dominé pendant plus de trente ans la politique Nigériane de la région Ouest, a tout à fait raison quand il écrivait : « Le Nigéria n'est pas une nation. C'est une simple expression géographique. Il n'y a pas de « Nigérian » dans le même sens qu'il y a d' « Anglais », de « Gallois », ou de « Français ». Le mot « Nigérian » est simplement une appellation distinctive pour distinguer ceux qui vivent à l'intérieur des frontières du Nigéria de ceux qui ne le sont pas » (Meredith 2005, 8). Au Nigéria, pendant le protectorat, trois régions ont été formées (l'Ouest, l'Est et le Nord) afin de faciliter l'administration de la région. Dans ces régions, le climat de l'appartenance ethnique a atteint un point culminant à travers la consolidation des tribus existantes et la formation de nouvelles. Ce n'était qu'un moyen rationnel pour faire pression sur les autorités coloniales afin de bénéficier des ressources, de construire des coalitions gagnantes, et de survivre. Par conséquent, il n'est pas surprenant que même des groupes qui auparavant recherchaient seulement des affiliations disparates aient été contraints de se réunir maintenant en tribus. Cette consolidation et ces nouvelles formations, enveloppées par une mentalité ethnique dominante, ont été alimentées par les autorités coloniales britanniques, qui exigeaient de larges regroupements à des fins administratives. Ainsi, à l'aube de l'indépendance, la première République du Nigéria a été dominée par trois groupes ethno-régionaux: les Haoussa-Fulani du Nord constituant 30 pour cent de la population totale du pays, dans l'Ouest les Yoruba comptant pour 20 pour cent du total, et à l'Est, les Ibo qui pourvoyaient pour 17 pour cent (Thomson 2000, 66). La Constitution n'a pas d'autre choix que de prendre en compte cette réalité politique, puis d'élaborer un système fédéral de trois régions. Dès lors, le Nigéria a évolué dans des crises ethno-politiques récurrentes telles que les conflits entre les trois régions et les affrontements entre le gouvernement fédéral et les tribus. De 1967 à 1970, la guerre de sécession de la province ouest du Biafra a fait 2 millions de morts. L'instabilité politique, les différents coups d'État militaires, le climat de tension entre les régions, et le fondamentalisme islamique grandissant au nord, sont quelques-uns des faits marquants de l'histoire du Nigéria.

Le Nigéria n'est pas le seul État qui souffre du phénomène de la balkanisation. Un autre quasi-État est la Somalie, qui est beaucoup plus touchée par la balkanisation de l'Afrique à tel point qu'elle s'est presque effondrée. Le groupe ethnique natif somalien était certainement le plus homogène dans la corne de l'Afrique, car il possédait une langue commune, une culture commune fondée sur les coutumes et les traditions pastorales, mais aussi il partageait un profond attachement à l'islam

(Meredith 2005, 464). Au cours de la domination coloniale, le groupe ethnique somalien a été fractionné entre cinq États coloniaux à la suite de la partition impériale. Les Français occupaient la côte française de Somalie, une enclave sombre entourant le port de Djibouti à l'entrée Sud de la mer rouge, les Britanniques acquéraient le nord de la Somalie, et les Italiens s'installaient dans la colonie italienne de la Somalie, avec pour capitale Mogadiscio, qui est aujourd'hui la capitale de la Somalie. Le reste de la communauté fut incorporé dans le Sud à l'intérieur des frontières de la colonie britannique du Kenya et à l'Ouest au sein de l'empire d'Éthiopie. Au cours de la 1ère guerre mondiale, afin de récompenser l'Italie pour son alliance avec la Grande-Bretagne, lors de sa guerre contre l'Allemagne, le gouvernement britannique est venu à un accord secret avec l'Italie pour le transfert de 94.050 kilomètres carrés de son protectorat de l'Afrique de l'Est à la Somalie italienne (Thomson 2000, 23). En 1924, le Jubaland a été cédé et une importante communauté somalienne a été transférée. Les Somaliens restants du groupe ethnique habitaient toujours le territoire kenyan. À l'indépendance de la Somalie en 1960, la Somalie britannique et la Somalie italienne se sont jointes pour former la République de Somalie. La nouvelle république a exigé l'intégralité de ses communautés et de ses territoires, réclamant donc l'ensemble de la province du Nord du Kenya. Pendant ce temps, le gouvernement indépendant du Kenya a hérité d'une partie de la communauté somalienne inclue à l'intérieur de ses frontières. C'est l'origine du différend frontalier et de la guerre entre ces deux nouveaux États indépendants. Même s'il y a eu une amélioration des relations depuis 1967 entre le Kenya et la Somalie, et qu'avec la fin de la guerre on assiste à une normalisation progressive des relations, le fait demeure qu'il y a encore de nombreux Somaliens vivant au Kenya, qui doivent leur dévouement politique plus à un proche parent de l'autre côté de la frontière, qu'au gouvernement du Kenya. La crise a eu de graves répercussions sur la fragmentation politique et la stabilité sociale de la Somalie qui est déjà compromise par l'existence de groupes fondamentalistes.

L'illustration de l'effondrement de l'État de la Somalie est un autre cas qui démontre que les États africains n'ont pas été créés en prenant en compte les spécificités locales telles que la division sociale qui prévalait dans cette région, mais qu'ils ont été conçus pour répondre à la demande de l'impérialisme et aux intérêts de ses auteurs. Les cas du Nigéria et de la Somalie montrent l'intention calculée des superpuissances de remplacer la division sociale naturelle et horizontale des Africains par une nouvelle division verticale[9] ; puis, réunissant les tribus précédemment hétérogènes (Nigéria) et séparant des tribus précédemment homogènes (Somalie). D'autres crises régionales, comme la guerre civile de la R.D.C. et la division récente du territoire de la Côte d'Ivoire entre les rebelles du Nord et l'armée loyaliste du Sud, trouvent leurs origines dans l'héritage laissé par le régime colonial. Ce qui est important à retenir de l'exemple du Nigéria et de la Somalie est que les États modernes en Afrique sont plus enclins à une fragmentation qui maintient les regroupements ethniques d'origine, plutôt qu'à une intégration.

Malgré les multiples et louables efforts en faveur de l'identité nationale dans le but de maintenir l'unité et de prévenir l'effondrement, la tendance est plutôt au regroupement tribal (tribalisme) et à la désintégration des unions et des systèmes nationaux existants. Le tribalisme s'oppose au nationalisme, qui, lui-même, s'oppose à la régionalisation et à l'intégration. Aussi longtemps que les États combattront l'ethnicité afin de maintenir leur unité nationale, ils éclipseront sans peut-être s'en rendre compte l'objectif global de l'intégration. Dans le même temps, l'augmentation des revendications nationales et l'échec des États à les satisfaire, la kyrielle de pressions externes, appellent à une stratégie collective, autrement dit à la régionalisation économique, ainsi qu'à l'intégration politique.

C'est la raison pour laquelle l'intégration en Afrique est à la fois une nécessité, une question épineuse et un dilemme.

---

[9] Voir Figure 3.

Fig.3. : Division sociale africaine
Source: McEWAN, Peter J. M. 1965. *The study of Africa. Edited, with notes and commentaries, by peter J. M. McEwan and Robert B. Sutcliffe. [with maps.].* pp. xii. 444. Methuen & Co.: London.

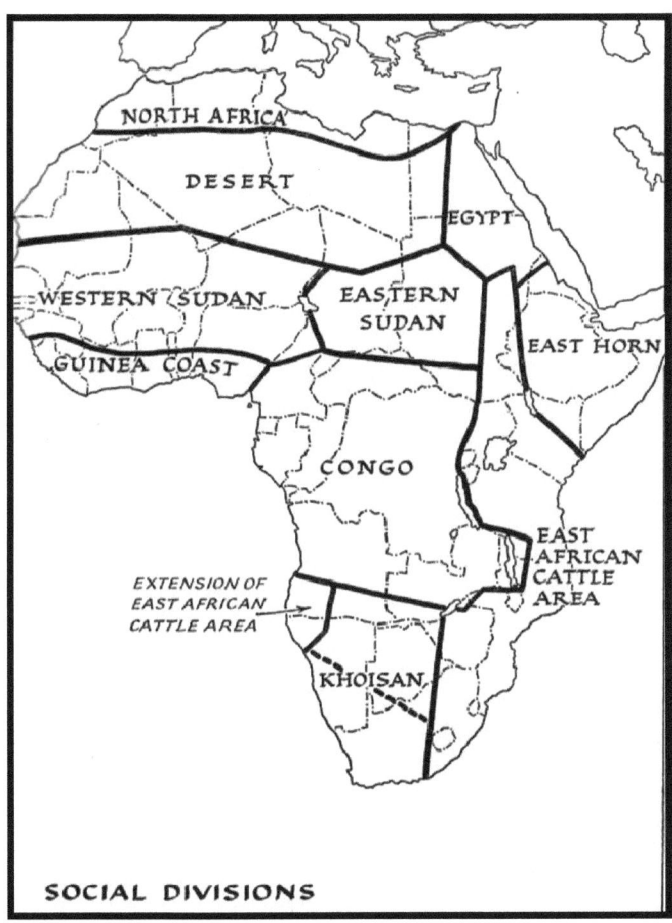

II. Définition du concept

Au chapitre premier, a été soutenue l'approche selon laquelle l'intégration est bel et bien possible en Afrique, contrairement à celle selon laquelle elle est une utopie. Cependant, il faut avoir en même temps l'honnêteté de reconnaître les multiples difficultés qui jettent des doutes sur la viabilité de l'organisation africaine qui doit faire face à un problème majeur, celui de la faiblesse de ses institutions. Toutefois, l'espoir est encore permis depuis la transformation de l'OUA en l'UA. Ce récent développement institutionnel a montré des perspectives prometteuses pour l'intégration. L'objectif de ce chapitre est d'examiner la pertinence des littératures liées au concept d'intégration. Le chapitre commence par définir le concept de l'intégration en faisant usage des littératures politiques et économiques. Il mettra en évidence les différentes théories, à commencer par celles des classiques pour finir par celles de la nouvelle approche. Il s'agit des théories de l'UE puisque l'UA ne dispose pas encore d'un socle théorique. Ensuite, ce chapitre soulignera la contribution de ces théories au renforcement de l'intégration. Enfin, un accent particulier sera mis sur l'applicabilité de ces théories au contexte de l'intégration africaine afin d'en dégager quelques éléments pertinents susceptibles d'être analysés et testés dans le cadre de l'UA. Toutefois, avant d'en venir à la définition technique du concept de l'intégration, quel sens général faudrait-il donner au mot « Intégration » ?

Le mot « Intégration » est défini dans le dictionnaire de plusieurs façons ; deux définitions seront ici abordées. Premièrement, l'intégration est : « une unification et un ajustement mutuel de divers groupes ou éléments à l'intérieur d'une société ou d'une culture relativement coordonnée et harmonieuse avec un organisme consistant ou un standard normatif ». Deuxièmement, l'intégration se définit comme: « le fait, le processus, ou la persistance d'intégrer: la condition d'être formé dans un ensemble par l'addiction ou la combinaison de pièces ou d'éléments » (Webster, 1993, 1174). Dans les littératures politiques et économiques, l'intégration est un concept pour lequel il existe plusieurs définitions. Mais aucune définition universelle n'existe encore et ce concept n'a pas une signification tranchée et claire comme c'est le cas dans le dictionnaire parce que son sens diffère largement d'un contexte à un autre. Toutefois, le sens général reste le même à savoir : « Réunir des éléments en un tout ».

A. Définition et Dimensions de l'intégration

1. Définition

William Wallace donne une simple définition de l'intégration en la considérant comme: « la création et la maintenance d'un modèle intense et diversifié d'interactions entre des unités précédemment autonomes » (Wallace 1990, 9). Globalement, le concept pour Ernst Haas veut dire « un processus par lequel les acteurs politiques dans des cadres nationaux distincts sont amenés à déplacer leur loyauté, leurs attentes et leurs activités politiques vers un nouveau centre, que les institutions possèdent ou demande de la juridiction sur l'État-nation préexistant » (Ake 1967, 12). Quant à Reginald Harrison, elle met l'accent sur l'importance des institutions centrales: « le processus d'intégration peut être défini comme la réalisation, dans un espace, de liens de communauté politique, d'institutions centrales, avec des pouvoirs de prise de décision qui lient et des méthodes de contrôle déterminant l'allocation de valeurs au niveau régional et aussi des mécanismes adéquats de consensus-formation » (Rosamond 2000, 12). Ce sont quelques définitions parmi tant d'autres. Certains spécialistes affirment que l'intégration est un processus et une interaction, alors que d'autres croient que l'intégration est une réussite. Le débat sur l'intégration comme un processus ou une condition fait fureur. Cela explique pourquoi Rosamond écrit que, « quand il s'agit d'analyser l'intégration, il y a différents points de départ menant à des destinations différentes » (Rosamond 2000, 12). Il corrobore Puchala (1972) qui compare « la quête d'une définition de l'intégration à l'aveugle confronté à la tâche de définir un éléphant » (Rosamond 2000, 12). Toutefois, pour les fins de cette étude, l'intégration sera d'une part traitée dans sa dimension politique - intégration politique – et sera d'autre part définie comme un processus et non comme une condition.

2. Dimensions de l'intégration

Autre que le domaine politique, l'usage du concept de l'intégration et du terme « intégration » peut s'appliquer aux domaines économique, social et culturel. On parle en ce moment d'intégration économique, d'intégration sociale et d'intégration culturelle. Ce sont les autres dimensions de l'intégration.

a. Intégration économique

Selon Bela Balassa, il faut être prudent dans la définition de l'intégration économique, car il n'y a pas un sens clair de ce terme dans la littérature économique. Il suppose que l'intégration économique est plus qu'une simple existence de relations commerciales entre économies nationales indépendantes. De là, il définit l'intégration économique: « comme un processus et comme un état de choses. Considérée comme un processus, elle comprend des mesures visant à abolir la discrimination entre les unités économiques appartenant à des États nationaux différents, considérée comme un état de choses, elle peut être représentée par l'absence de diverses formes de discrimination entre les économies nationales » (Nelsen et Stubb 2003, 180). En d'autres termes, l'intégration économique est plus qu'une simple coopération visant à mettre en place des actions pour traiter de questions spécifiques. C'est plutôt la mise en place de mesures, ou d'un vaste programme visant à créer une interdépendance économique qui, selon Claude Ake, consiste à décourager le comportement politique de désintégration (Ake 1967, 10). Une zone de libre-échange préférentiel, une zone de libre-échange, une union douanière, un marché commun, une union économique monétaire sont les différentes formes ou les étapes de l'intégration économique. La mise en œuvre des mesures d'intégration économique exige la mise en place d'autorité supranationale ou d'institutions comme la Communauté économique européenne (CEE).

b. L'intégration sociale et culturelle

En ce qui concerne l'intégration sociale et culturelle il n'y a pas non plus de définition claire. Une possibilité est que l'intégration est comprise comme la création d'une communauté de personnes qui partageraient des valeurs sociales et culturelles. Plus précisément, par l'intégration sociale, on entend « l'étendue de la communauté des valeurs, des préférences des buts, des symboles d'identité, des modes de communication, comme la langue, l'expérience commune, etc., parmi les membres d'une société » (Ake 1967, 11). Le terme « intégration culturelle » est aujourd'hui largement utilisé lorsqu'il s'agit de décrire la prochaine phase de l'UE après l'intégration économique et l'intégration politique en cours. Avec les 27 États membres actuels, l'UE est confrontée à une crise d'identité et de valeurs culturelles. La contradiction et l'ambiguïté, quand il s'agit de définir le terme « intégration culturelle », c'est que l'Union et la Communauté doivent respecter (ou même préserver et promouvoir) l'identité culturelle des États membres et, en même temps, réduire le fossé culturel entre eux. En d'autres mots, l'intégration culturelle a pour but de rassembler les diverses identités culturelles afin de créer une nouvelle citoyenneté européenne appelée simplement « Européen ». Comme il n'existe pas de différence entre un Californien et un Texan, pourquoi doit-on faire une différence entre un Français et un Allemand ? Les premiers sont américains et les derniers sont tout simplement européens. Mais l'idée n'est pas encore clairement fixée, elle est toujours en cours et débattue entre les chercheurs de l'UE.

B. Les théories de l'intégration

Les théories de l'intégration ont connu une évolution remarquable. Avec l'évolution constante du modèle de l'UE, ces théories ont été métamorphosées en théories de l'intégration européenne car l'UE est le seul cas d'expérimentation dans le monde. Il n'existe pas de théorie de l'intégration africaine, encore moins de théorie de l'intégration en Asie, malgré les nombreux efforts en Afrique et les réalisations appréciables en Asie. Par conséquent, l'illustration de ces théories prend seulement en considération l'expérience de l'UE depuis la création de la CECA, ensuite celle de la CEE et finalement celles des institutions de l'UE. Une fois les différentes théories énumérées, leur applicabilité à l'expérience africaine en matière de coopération sera examinée.

Les théories de l'intégration sont classées en deux grandes catégories :[10] les théories classiques ou théories des RI que sont : le fédéralisme, le fonctionnalisme et le transactionnalisme ; et les néo-théories ou théories explicatives que sont le libéral intergouvernementalisme, le néo-fonctionnalisme, le nouvel institutionnalisme et la politique de réseaux. Les néo-théories sont divisées en trois grandes approches: une approche RI (le néo-fonctionnalisme et l'intergouvernementalisme libéral), une approche de la politique comparée (nouvel institutionnalisme), et une approche de politique publique (réseaux). Au sein du nouvel institutionnalisme, il existe trois catégories: le choix rationnel, l'institutionnalisme historique et l'institutionnalisme sociologique (aussi appelé le constructivisme).

---

[10] Voir Tableau 2.1

Tableau 2.1. : Théorie de l'intégration

THÉORIES APPROCHES	THÉORIES CLASSIQUES	NÉO - THÉORIES
Approches des relations internationales	Fédéralisme Fonctionnalisme Transactionnalisme	Intergouvernementalisme libéral Néo-fonctionnalisme
Approches de politiques comparatives		Nouvel institutionnalisme Choix rationnel Institutionnalisme historique Institutionnalisme sociologique
Approche de politique publique		Politique des réseaux

1. Théories classiques

Les théories classiques de l'intégration ont évolué au sein de l'étude des RI. Elles cherchent à formaliser les conditions d'éradication des conflits internationaux par la reprise et la renaissance de l'esprit d'Emmanuel Kant et d'autres figures idéalistes. Selon leurs principaux chercheurs, la fin complète de la guerre et l'avènement d'une paisible communauté intégrée ne pourraient être réalisés qu'en réordonnant les États européens. Les préoccupations des fédéralistes, des fonctionnalistes ainsi que des transactionnalistes consistaient à trouver les voies et moyens pour prévenir et empêcher un nouveau conflit de la dimension d'une Guerre Mondiale.

a. Fédéralisme

Le fédéralisme à ses débuts était un mouvement[11] qui a évolué plus tard vers une complète théorie de l'intégration. Le fédéralisme est un projet politique dont la finalité est clairement définie par l'espoir d'un État fédéral comme une entité ou un État supranational, puisque les États nationaux ont perdu leur droits parce qu'incapables de garantir la sécurité politique et économique de leurs citoyens. Les défenseurs du fédéralisme décrivent leur système politique désiré comme celui dans lequel le pouvoir est divisé entre gouvernement central et régional ou encore entre gouvernements d'États. En d'autres termes, le modèle d'intégration fédéraliste exige la mise en place de deux niveaux de gouvernement – distincts mais coordonnés – étant le gouvernement de l'ensemble au niveau fédéral et le gouvernement de la partie, l'État ou au niveau local (Taylor 1993, 90). Selon les fédéralistes, il y a deux avantages décisifs à ériger un État supranational. Le premier avantage est la prévention de la capture d'un système par un groupe quelconque, car il rejette la domination, et donc notamment les modes particuliers d'agrandissement ou de politique totalitaire. Le second avantage vient des États fédérés qui émergent comme une unité plus forte capable de faire face à des menaces extérieures (Rosamond 2000, 26). Les fédéralistes défendent la suprématie des moyens « politiques » pour résoudre les problèmes politiques.

---

[11] Le mouvement a commencé avec un traité en juin 1941 qui est maintenant connu sous le nom du Manifeste de Ventotene, publié vers fin 1941. Le manifeste est finalement un appel à l'action dont le but consistait à saisir l'opportunité offerte par la guerre pour créer une «Fédération européenne» équipée pour assurer la sécurité et la justice sociale pour tous les Européens. Les figures emblématiques de ce mouvement étaient Altiero Spinelli et Ernesto Rossi.

b. Fonctionnalisme

La vision positive des capacités humaines et, dans une certaine mesure, de la nature humaine, constitue les fondations d'une approche fonctionnaliste ; à la différence de l'approche réduite et négationniste de l'espèce humaine que s'est forgée l'approche fédéraliste. La place du fonctionnalisme pourrait être reconnue au sein de la tradition libérale-idéaliste des R.I qui s'étend de Kant à Woodrow Wilson et au-delà. David Mitrany[12] (1888-1975) est la figure emblématique de la théorie. Le point de départ de cette théorie consiste à susciter la question suivante : quelles sont les fonctions essentielles de la société internationale, contrairement au fédéralisme qui soulève la question de la forme « idéale » de la société internationale. Le fonctionnalisme est beaucoup plus une approche qu'une théorie homogène. Au cœur de l'agenda du fonctionnalisme se trouvent la hiérarchisation des besoins humains ou le bien-être public, par opposition à la « sainteté » de l'État-nation ou à la célébration d'un credo idéologique particulier (Rosamond 2000, 33). Fonctionnalistes et fédéralistes reconnaissent ensemble l'incapacité des États à répondre aux besoins humains et soutiennent le fait que les besoins humains pourraient être mieux servis par une instance supranationale ou une convention du territoire national. Ainsi, les institutions faisant autorité peuvent exercer l'inhérente « fonction » attribuée par le système; d'où le terme de « fonctionnalisme ». C'est parce que les besoins humains changent avec le temps et varient dans l'espace. Par conséquent, le modèle de la structure fonctionnelle et institutionnelle doit être la solution-clé. En d'autres termes, la satisfaction des besoins humains est considérée par les fonctionnalistes comme la principale motivation qui pourrait aboutir à un arrangement institutionnel, et non pas comme un couronnement ou un résultat comme dans le fédéralisme.

---

[12] « A working Peace System » de David Mitrany.

c. Transactionnalisme

Le transactionnalisme dont la figure emblématique est Karl Deutsch [13] (1912-1992) affirme: « Par Intégration, nous entendons la réalisation, au sein d'un territoire, d'un "sens de la communauté", d'institutions et de pratiques assez forts et assez répandus pour assurer, pour une "longue" période, des attentes fiables de "changement pacifique" parmi sa population » (Nelsen et Stubb 2003, 122). Une intégration réussie est la réduction drastique de la probabilité des États utilisant des moyens violents pour résoudre leurs différends. (Rosamond 2000, 42). Un niveau de communication significatif est donc indispensable pour créer un sentiment de communauté qui est la meilleure garantie de sécurité à l'intérieur d'une région ou parmi un groupe d'États. Le transactionnalisme est une vaste perspective qui refuse d'être limitée par un quelconque résultat « politique » ou un quelconque arrangement « fonctionnel » ou « institutionnel ». Il souligne plutôt l'importance de la communication comme le mécanisme essentiel de la mobilisation sociale des communautés précédemment disparates. Plus il y a de communication, moins il y a de différends. La méthode du transactionnalisme est de se concentrer spécifiquement sur les moyens d'abolir la guerre en insistant sur la réduction drastique de la probabilité des États à utiliser la violence pour résoudre leurs différends.

2. Les nouvelles approches ou les « nouvelles » théories

Les nouvelles théories sont des théories explicatives qui ont été développées par les chercheurs désireux d'expliquer la vaste amplification de l'intégration européenne. Leur but est de comprendre, de décrire et d'expliquer le processus d'intégration en Europe ; d'où leur appellation de théories de l'UE. Elles sont

---

[13] « Political Community and the North Atlantic Area, International Organization in the Light of Historical Experience » de Karl Deutsch.

divisées en trois approches ; l'approche des RI, l'approche de politique comparative, l'approche de politique publique.[14]

Tableau 2.2. : Les théories explicatives de l'U.E.

THEORIES	SUPPORTEUR/ ŒUVRES MAJEURES	SUPPOSITIONS	CRITIQUES
Néo-fonction-nalisme	Haas 1958	Les Institutions internationales sont capables d'action autonome ; le débordement est une impulsion majeure pour l'intégration	Ne peut pas expliquer-la stagnation
Inter-gouverne-mentalisme libéral	Moravcsik 1998	Les États membres contrôlent l'intégration européenne	Trop étatiste; néglige l'élaboration quotidienne des politiques
Nouvel institution-nalisme	Bulmer 1998 Pierson 1996	Les institutions sont importantes	Accorde trop d'importance à l'autorité des institutions de l'UE

---

[14] Voir Tableau 2.2

| Politique des réseaux | Peterson 1995 | L'échange de ressources à l'intérieur des réseaux façonne la politique | Ne peut pas expliquer les grandes décisions |

Source: Bomberg, Elizabeth E., and Alexander C. -. Stubb. 2003. *The European Union : How does it work?* Oxford: Oxford University Press.

a. Les approches des relations internationales

i. Le néo-fonctionnalisme

La théorie du néo-fonctionnalisme est une extension du fonctionnalisme au regard du développement récent de l'UE. Elle a été principalement développée par Ernst Haas[15] dans les années 1960 pour expliquer le développement de la CECA à la CEE. Haas a cherché à montrer comment une fusion dans une activité économique d'un secteur de la production (le charbon et l'acier) pourrait « déborder » et provoquer une plus large intégration économique dans des domaines connexes, par exemple l'agriculture. En d'autres termes, le raisonnement des néo-fonctionnalistes est que l'intégration économique engendre automatiquement une augmentation du niveau des transactions entre les acteurs. Étant donné que les avantages de l'intégration sont devenus apparents, il y a un effet « débordement » qui est une tendance pour les nouveaux organismes d'intérêt à se former au niveau régional. Il n'est donc pas surprenant que cette plus large intégration économique conduit à une intégration politique et à la création d'institutions supranationales communes, intégrées, en vue d'accélérer le processus en cours.

---

[15] « The Uniting Europe : Political, Social, and Economic Forces » by Ernst B. Haas.

Le néo-fonctionnalisme défie l'hypothèse de la prééminence de l'État-nation et la notion que les institutions internationales sont incapables d'autonomie de décisions et d'actions (Bomberg Stubb et 2003, 10).

ii. L'intergouvernementalisme libéral

Cette théorie postule que les grands choix durant le processus d'intégration reflètent les préférences des gouvernements nationaux et l'équilibre de leurs intérêts économiques nationaux. Par conséquent, les résultats de l'intégration sont le résultat de la négociation intergouvernementale, c'est-à-dire la négociation entre les gouvernements nationaux souverains. Cette approche réfute l'idée que les gouvernements nationaux pourraient ne pas être suprêmes, ou que les nations renonceraient volontairement à leur souveraineté (Bomberg Stubb et 2003, 10). Pour illustrer, à partir de l'exemple de l'UE, les gouvernements nationaux sont les principaux acteurs dans l'élaboration de l'intégration et ils contrôlent l'orientation actuelle de l'intégration. Selon Andrew Moravcsik,[16] figure emblématique de cette théorie, l'intégration européenne résulte d'une série de choix rationnels faits par les dirigeants nationaux qui ont constamment poursuivi des intérêts économiques. Lorsque ces intérêts convergeaient, l'intégration avançait (Nelsen et Stubb 2003, 241). Selon cette théorie, toute subséquente délégation à des organismes supranationaux ou institutions est calculée et rationnelle. Il ne faut pas confondre cette théorie avec le fédéralisme. Au fond, le fédéralisme prône la suprématie des États-nations alors que l'intergouvernementalisme libéral suppose la primauté des gouvernements nationaux.

---

[16] « The Choice for Europe: Social purpose and State Power » de Andrew Moravcsik.

b. Une approche de politique comparative: nouvel institutionnalisme

Le nouvel institutionnalisme défie surtout la primauté de l'État dans le façonnement de l'intégration, à savoir l'UE. Il met l'accent sur l'importance des institutions dans la formation ou même dans la détermination des préférences des gouvernements (Bomberg Stubb et 2003, 11). Les institutions deviennent les principaux acteurs et ainsi les principaux artisans ; et, en raison de leur rôle privilégié, ils peuvent modeler le comportement des représentants des gouvernements nationaux par le biais de procédures, de mécanismes, de règles définies, et de pratiques informelles. Dans ce cas, les gouvernements nationaux ne peuvent ni planifier, ni contrôler le processus, parce que les institutions rassemblées deviennent un système. En outre, selon les nouveaux institutionnalistes, le terme «Institutions» ne se réfère pas seulement aux institutions, traditionnellement définies comme le Conseil, la Commission, le Parlement, etc., mais aussi aux valeurs, normes, et conventions informelles. Par ailleurs, puisque le processus d'intégration est façonné par l'ensemble du système, et pas seulement par les États, il est difficile de rebrousser chemin une fois qu'une décision particulière ou orientation est choisie, d'où la notion de « dépendance du sentier »[17] que le nouvel institutionnalisme a mis au point. Nous avons besoin de développer plus cette théorie dans le but de la recherche. Il existe trois catégories du nouvel institutionnalisme.

---

[17] La notion selon laquelle une fois qu'une décision ou qu'une orientation particulière est choisie, il est très difficile d'y revenir. Par exemple, la politique agricole commune coûteuse de la CEE, le temps et les ressources investis pour s'accorder sur une politique en premier lieu sont souvent considérables, et l'idée de tout reprendre a zéro en recommençant une long, peineux et couteux processus pour s'accorder sur une nouvelle politique qui est difficile à être approuvée pour cette raison (Bomberg and Stubb 2003, 11).

i. Le choix rationnel

Le point de départ de tout raisonnement rationaliste de l'UE est l'hypothèse selon laquelle les acteurs, dans toutes les arènes pertinentes de prise de décision, se comportent stratégiquement pour atteindre leurs résultats préférés (Schneider et Aspinwall 2001, 7). Les récents changements au sein de l'UE depuis la négociation intergouvernementale libérale à la gouvernance supranationale ont affecté le comportement et les interactions entre les agents. Pour faire face à ce complexe partage du pouvoir et pour leurs propres intérêts ou préférences, les agents, peu importe qu'ils soient la Commission de l'UE ou les gouvernements nationaux, peuvent requérir l'utilisation de leur connaissance technique avancée et de leur expérience pour influencer les décisions des institutions et façonner la trajectoire de l'intégration ; bien évidemment, en leur faveur. Cette utilisation stratégique des institutions par des acteurs est au centre des recherches des rationalistes. Les États membres peuvent utiliser les institutions nationales pour renforcer leur position de négociation, alors que la Commission peut renforcer sa position en contrôlant l'information. Des relations conflictuelles positives peuvent naître entre les acteurs tout comme cela se passe dans un système étatique. L'UE pourrait ici être comparée à un système de répartition du pouvoir. Les rationalistes cherchent à analyser cette nouvelle répartition du pouvoir et les agents qui exploitent des changements en leur faveur.

ii. L'institutionnalisme historique

Dans l'institutionnalisme historique, l'accent est mis sur « les manières dont les engagements institutionnels antérieurs conditionnent une action supplémentaire, limitent le champ d'application de ce qui est possible et incitent les agents à redéfinir leurs intérêts » (Schneider et Aspinwall 2001, 10). Le concept de « dépendance du sentier », défini précédemment, est lié aux institutionnalistes historiques qui supposent que l'histoire crée le contexte qui façonne les choix ; d'où l'importance des décisions passées sur les négociations inter-États. En d'autres termes, les circonstances au sein de l'UE ou les expériences des institutions sont dominantes dans la façon dont elles pourraient forcer un changement préférable à la politique gouvernementale. Au lieu d'utiliser la rationalité pour obtenir l'optimum, les agents pourraient utiliser la rationalité afin de maximiser leurs intérêts en raison de la contrainte des conditions qui sont le fait des institutions. Le pouvoir et l'influence des principaux agents tels que les gouvernements nationaux sont complètement réduits au profit d'autres agents tels que la Commission. Les arguments des institutionnalistes historiques sont une réponse aux intergouvernementalistes libéraux qui assument la primauté des gouvernements nationaux. Les préférences des cadres nationaux sont façonnées par le contexte institutionnel telle que les engagements antérieurs, la culture de l'organisation, la partialité structurelle, la rigidité de la politique. Schneider et Aspinwall insistent sur le fait que l'institutionnalisme historique n'est pas un ensemble cohérent de la pensée (2001, 12).

iii. L'institutionnalisme sociologique[18]

De la perspective des institutionnalistes sociologiques, l'intégration dépend de la variation culturelle et cognitive et, par conséquent, de l'impact des valeurs, des croyances et des identités sur les réactions des acteurs face aux challenges d'intégration (Schneider et Aspinwall 2001, 14). Ils soulignent l'importance de la violation des limites cognitives qui ajoutent des coûts de transaction à la coopération, si ces liens sont fondés sur les aspects comme la langue, la foi, la géographie, ou d'autres obligations qui attribuent une signification et une valeur communes à l'expérience humaine. Le processus de la violation des frontières cognitives présuppose la claire identification des mécanismes normatifs et culturels par lesquels le comportement et l'identité de l'État sont troublés ou construits ; ainsi que la

---

[18] C'est une approche du constructivisme dont le challenge consiste à intégrer la construction sociale au sein de l'UE

façon dont l'identité même auto-influence les intérêts des États, les pratiques et les institutions internationales. En outre, le processus de la violation des frontières cognitives exige l'identification des moyens de communication et le partage de ces normes entre les acteurs au sein des agences. La langue est privilégiée car elle aide à construire un cadre normatif qui devient alors une base d'action. Le point commun entre l'institutionnalisme historique et l'institutionnalisme sociologique réside dans le fait qu'ils soulignent les aspects temporels des institutions.

c. Une approche de politique publique : la politique des réseaux

L'approche de la politique des réseaux est le dernier courant des théories explicatives de l'UE. Les réseaux unissent les acteurs institutionnels et d'autres acteurs tels que les représentants des entreprises privées, des groupes d'intérêts publics, des experts techniques et scientifiques, des fonctionnaires nationaux etc. Une politique des réseaux pourrait être définie comme « un groupe d'acteurs, dont chacun a un intérêt ou un enjeu dans un secteur donné de la politique de l'UE et la capacité d'aider à déterminer le succès ou l'échec de la politique » (Bomberg et Stubb 2003, 12). De par la définition, il est certain que l'approche de la politique des réseaux reconnaît le rôle de tous les acteurs dans leur ensemble en donnant une importance non seulement aux gouvernements nationaux et aux institutions, mais aussi en rendant hommage aux autres acteurs non moins importants tels que la société civile et les groupes d'intérêt organisés dont les rôles se sont actuellement accrus au sein de l'UE. Beaucoup de chercheurs la considèrent comme le « futur » de la théorie parce qu'elle combine non seulement les théories de RI, mais aussi les théories classiques, telle que le néo-fonctionnalisme et l'intergouvernementalisme libéral, qui sont, selon eux, les théories classiques de l'intégration européenne. Ils insistent aussi sur d'autres disciplines comme les sciences politiques, la théorie politique, et la politique publique.

En conclusion, l'UE n'est pas le seul modèle d'intégration. L'intégration a lieu dans d'autres régions comme l'Asie par le biais de la Coopération économique Asie-Pacifique (APEC),[19] l'Amérique du Nord à travers l'Accord de Libre-échange Nord américain (ALENA),[20] l'Amérique du Sud par le biais du Marché Commun du Sud (MERCOSUR),[21] et l'Afrique (UA). Néanmoins, il faut reconnaître que l'UE est le seul modèle impressionnant quand il s'agit de concilier les deux dimensions politique et économique à l'intérieur de la singularité de son architecture institutionnelle. Aucune autre intégration régionale, en dehors de l'UA, n'a cette spécificité. Un autre avantage important de l'UE est sa large concentration théorique qui lui donne une véritable fondation.

C. Contribution des théories de l'intégration

Les théories de l'intégration ont positivement contribué de quatre façons différentes à l'histoire des RI ou de la coopération.

Premièrement, les théories de l'intégration ont contribué à développer et à élargir le champ d'action des théories des RI en reliant entre elles les théories classiques - réalisme, idéalisme, fonctionnalisme, institutionnalisme, féminisme - et en mettant l'accent sur l'échange des différentes disciplines au détriment des clivages. Dans le même esprit, les théories de l'intégration ont fourni au domaine de l'étude des RI l'émergence de nouvelles questions, de nouveaux sujets et de nouveaux cas d'expérimentation. Ces théories présentent des opportunités pour explorer, analyser et expliquer de nouveaux événements politiques et de nouveaux phénomènes de portée plus large. En effet, l'intégration, qu'elle soit politique ou économique, ne peut

---

[19] États membres : Australie, Chine, Indonésie, Japon, Mexique, les Philippines et les États-Unis
[20] États membres : États-Unis, Canada et Mexique. C'est la deuxième plus grande zone économique dans le monde
[21] Etats membres : Argentine, Brésil, Paraguay et Uruguay

plus être appréciée seulement comme la rubrique de l'approche des RI, c'est-à-dire comme une simple coopération entre États. L'intégration doit inclure de nouvelles approches telles que celles d'integouvernementalisme libéral, du néo-fonctionnalisme, du nouvel institutionnalisme, et du constructivisme (l'approche de la politique des réseaux). Ces théories contribuent à élargir le champ d'application et à approfondir la compréhension des chercheurs et des étudiants des RI. Les efforts pour étudier l'intégration européenne font que les chercheurs sont constamment en quête de nouvelles explications sous l'angle des sciences politiques et sous celui des politiques publiques. Les approches du choix rationnel et de la politique des réseaux sont des sous-secteurs qui interviennent dans le cadre de ces théories, ce qui élargit le champ d'application et de compréhension des RI.

Deuxièmement, sur le plan pratique, les théories de l'intégration ont contribué à l'avènement de la fin d'une guerre en Europe et à la construction de la paix. En fait, les théories classiques de l'intégration ont eu pour objectif de répondre à cette unique question: « comment mettre fin à la guerre ». On peut supposer que, puisque les conflits ont été réduits progressivement et finalement éliminés, les théoriciens ont pu atteindre leur but. En fait, la théorie ne doit pas seulement contribuer à explorer, décrire, ou découvrir les symptômes, mais aussi à prescrire des remèdes curatifs. Même si les arguments des fédéralistes n'ont pas fait l'objet de beaucoup d'attention, ils ont contribué à élever le débat et à susciter le développement d'autres approches, comme le fonctionnalisme et le transactionnalisme qui ont progressivement conduit à la pacification de l'Europe. Les théories évoluaient au même rythme que la construction de l'Europe qui prenait aussi forme depuis la CEE à l'UE. Elles ont contribué à renforcer la fondation de la paix entre la France et l'Allemagne, et ont même trouvé les raisons scientifiques pour l'élargissement de la Communauté à d'autres nations, comme l'Espagne, l'Angleterre, et le Portugal. Le leitmotiv trouvé dans les nouvelles théories de l'intégration n'était pas « comment mettre fin à la guerre », mais plutôt « comment façonner le processus d'intégration »;

autrement dit « comment renforcer les bases de la paix ». Enfin, il faut aussi ajouter que la collaboration entre les forces motrices (France et Allemagne) et le renforcement des institutions ont contribué à réduire progressivement l'avidité politique et l'expansion nationaliste de certains États (Allemagne et Italie) ; sapant ainsi l'essentielle motivation d'entrer en guerre.

Troisièmement, les théories de l'intégration embrassent dans leur globalité le concept « espace et temps ». De là, elles ont contribué non seulement à créer un cadre pour la résolution des problèmes de géopolitique, mais aussi à prédire l'avenir de l'évolution politique. La compréhension du présent exige la connaissance du passé. De même, la prédiction de l'avenir ne sera pas totalement exacte, sans prendre en considération les variables du temps présent. Les théories aident en prédisant et en façonnant le monde de demain, le futur. Le phénomène actuel de la mondialisation est lui-même un exemple d'intégration à l'échelle mondiale. Alors que le monde est en train de subir la mondialisation, l'intégration commerciale et l'intégration financière se produisent simultanément au-delà de toutes les frontières. L'effet est que les frontières territoriales sont en voie de disparition et que les cultures s'interpénètrent plus ou moins aisément. Ces changements considérables des espaces présentent un avenir encourageant pour les citoyens et aussi pour les décideurs. Puisque les théories classiques ont contribué à façonner les points de vue des ex-dirigeants européens, privilégiant la coopération plutôt que la guerre pour le bien-être des citoyens, les théories de l'intégration européenne peuvent aussi contribuer à façonner les points de vue des dirigeants africains, car il est possible d'échapper à la pauvreté, d'atteindre la paix et de commencer le développement à travers l'intégration. Vouloir nier cette perspective prometteuse constituerait un manque énorme pour l'ensemble du continent.

Enfin, les théories d'intégration peuvent aider à comprendre l'intégration en Afrique car le cas africain ne dispose pas encore de fondement théorique. Les théories de l'UE peuvent contribuer à la construction d'une ou des théories de l'intégration africaine et l'UA peut constituer un sujet approprié d'expérimentation. Ainsi, l'Afrique ne sera plus explorée sous l'angle de la théorie du sous-développement et de celle de la dépendance, mais sous de nouveaux angles qu'offrent à présent les théories de l'intégration. Les théories de l'intégration africaine, une fois développées, pourraient même contribuer à renforcer les théories de l'intégration européenne qui éludent la question liée à la faiblesse des institutions par exemple.

Cependant il est évident que le cas européen est différent du cas africain et qu'avant toute expérimentation il faut d'abord étudier l'applicabilité de ces théories à l'UA.

D - Applicabilité des théories de l'intégration

Les réalités africaines diffèrent du contexte européen. On ne peut pas seulement se fier aux théories d'intégration de l'UE pour comprendre le processus d'intégration en Afrique ; étant donné qu'il n'y a pas de théorie de l'intégration africaine (à part l'idéologie du panafricanisme). L'absence de fondation théorique pour expliquer l'UA rend cette étude fortement dépendante des théories de l'UE. Cette dépendance limitera, d'une manière ou d'une autre, l'explication du processus d'intégration en Afrique et des institutions de l'UA. Le manque d'une théorie panafricaine élaborée suscite un débat de nos jours parmi les chercheurs africains. Il est évident que l'absence de théorie capable de guider vigoureusement la renaissance africaine ne peut pas être sous-estimée (Muchie, Padayachee and Habib 2006, 5). Cependant, certains éléments des théories de l'UE peuvent être utiles pour l'UA ; car l'UA est une réplique du modèle institutionnel de l'UE. C'est ce qui fait que ces théories peuvent être utiles dans la mesure où elles fournissent des outils pertinents pour analyser le processus d'intégration en Afrique. Point n'est besoin de s'appesantir sur les théories classiques de l'intégration car elles sont sans rapport avec le contexte africain. Les théories classiques ont évolué et ont été développées dans un contexte de profonde détresse de l'Europe confrontée à de multiples conflits et à la guerre (2ᵉ Guerre mondiale). Les théories classiques sont limitées dans la mesure où elles ont été élaborées afin d'éradiquer ces conflits, de mettre fin à la guerre, et de construire une paix perpétuelle. Il est vrai que l'Afrique aussi a besoin d'éradiquer les conflits courants sur son territoire et de bâtir une paix durable, mais la différence avec l'Europe se trouve au niveau de la nature des conflits. La plupart des conflits en Afrique sont des conflits intra-États, c'est-à-dire à l'intérieur des États mêmes, tandis qu'en Europe les conflits étaient inter-États, c'est-à-dire entre États. Les conflits inter-États sont peu nombreux en Afrique et peuvent se résumer à des disputes de frontières [22] ou des disputes de revendication de territoires.[23] Le règlement de ces conflits territoriaux se trouve dans la mise en place d'institutions démocratiques et dans la réalisation d'une stabilité politique à l'intérieur des pays en conflit et du territoire qui fait l'objet de la dispute comme prévu dans le cas du Sahara Occidental. Ce mécanisme de règlements des conflits est hors de la portée et du mandat de l'UA dont les institutions sont limitées seulement à la promotion de la paix et aux règlements des crises mineures sur tout le continent. Le rôle de l'UA n'est pas celui d'être le gendarme des États membres. Elle ne peut d'ailleurs jouer ce rôle, compte tenu du principe de souveraineté de chaque État membre et du manque de moyens. l'UA doit Plutôt être la plate-forme de dialogue, de négociations et d'échanges dans le but d'accélérer le processus d'intégration sur le continent, qu'il soit économique ou politique. Une fois que ce principe est compris de cette manière par tous, il devient donc important pour l'UA de renforcer ses institutions en restaurant certains principes tels que l'autorité et la crédibilité, et certaines valeurs telles que la légalité et la légitimité à travers la mise en œuvre des bonnes pratiques et l'effectivité de la bonne gouvernance. Atteindre ce point indispensable revient

---

[22] Des conflits mineurs et déjà résolus tels que la dispute sur la bande d'Aouzou (entre la Libye et le Tchad), le différend frontalier entre la Somalie et le Kenya.
[23] Telles que le conflit du Sahara Occidental entre le Maroc et la République Démocratique Sahraouie, le conflit sur l'Île de Bakassi opposant le Nigéria et le Cameroun.

aussi de manière impérative à réduire l'influence des gouvernements nationaux, en passant d'un modèle étatiste[24] à un modèle de multi gouvernance ou modèle de gouvernance plurielle.[25] C'est là que se trouve toute la raison d'être de la théorie du nouvel institutionnalisme ; cette théorie pourrait être appliquée dans ces cas spécifiques. Elle aide à expliquer le rôle joué par les institutions pour faciliter, huiler, et soutenir l'intégration. Une hypothèse facile à confirmer est que le grand nombre des États membres (53 pays) fait qu'il est extrêmement difficile de prendre et de mettre en œuvre des décisions. Le système est très lourd et coûteux à organiser et à administrer. Il faudrait donc revoir la structure institutionnelle interne de l'UA, réduire l'influence des États membres et construire une nouvelle identité politique semblable à celle de l'Europe dont l'expérience peut dans ce cas aider à réaliser les objectifs et à accélérer le processus d'intégration.

Plus haut, l'intégration a été définie et comprise surtout comme un processus et non comme une condition ou une situation. Cela veut dire que l'intégration est un processus dynamique et organisé, une construction à petits pas. Elle devrait être développée harmonieusement, avec cohérence et dans tous ses contours. Toute asymétrie et incohérence seront préjudiciables à l'intégration. Les approches historiques et sociologiques de l'institutionnalisme fournissent une réponse aux différentes hypothèses de cette recherche et augmentent l'espoir d'un avenir meilleur dans la mesure où elles se focalisent sur l'aspect temporel des institutions. Construire des institutions est selon cette approche une question de temps. Cependant en Afrique, compte tenu des problèmes énormes, les peuples ne peuvent plus attendre longtemps ; le temps presse et contraint les leaders politiques à décider des actions hardies.

---

[24] Il s'agit d'intergouvernementalisme libéral au sein du nouvel institutionnalisme.

[25] Les gouvernements nationaux jouent un rôle important mais selon le modèle de gouvernance multi-niveau, ils ne constituent plus la seule interface entre l'arène supranationale et celle sous-nationale, et ils partagent au lieu de monopoliser, contrôler plusieurs activités qui se déroulent dans leurs territoires respectifs (Nelsen et Stubb 2003, 285).

Toute construction a besoin d'un modèle, d'une maquette ou d'un plan, certes réduits et réducteurs, mais assez importants, et simplifiés d'une future construction, c'est-à-dire de l'œuvre même. Les théories interviennent ici pour préparer le modèle architectural. En Afrique, il n'existe pas un tel modèle ou plan d'intégration car il manque des théories et des réflexions approfondies sur la question.[26] La première tâche consiste à « dessiner » un modèle qui peut être inspiré du modèle de l'UE, mais qui doit aussi prendre en compte les réalités africaines qui sont tout à fait différentes du contexte européen. L'une de ces réalités est le nombre des États membres de l'UA qui privilégient d'office l'approche du nouvel institutionnalisme à celle de l'intergouvernementalisme libéral ou à celle encore de l'approche de la politique des réseaux. Une autre réalité est la disparité des ressources des États en Afrique (ressources humaines, naturelles, financières) qui rend problématique (mais pas impossible) l'approche du néo-fonctionnalisme et de la régionalisation. Puisque la construction d'une communauté à travers les regroupements régionaux est hautement du ressort des gouvernements nationaux, tous les efforts de l'UA pour influencer le processus de régionalisation deviennent improductifs et restent inutiles tant que l'influence des États ne sera pas considérablement réduite. C'est la raison pour laquelle il fallait écarter les autres théories et privilégier le nouvel institutionnalisme ; pas parce qu'elles ne sont pas importantes mais parce qu'en ce moment, en l'état actuel des choses, elles ne sont pas pertinentes. Le défi pour l'Afrique consiste à renforcer ses institutions et à les transformer en machines bien huilées qui vont s'auto-mouvoir progressivement conformément à l'approche de politique des réseaux ;[27] étant donné que cette

---

[26] La documentation de l'UA ne fournit pas un sens clair de l'intégration. Par exemple, il n'y a aucun pilier comme c'est le cas de l'UE et il y a des objectifs se chevauchant et qui sont aussi insignifiants.

[27] La « Politique de réseaux » est plutôt une approche qu'une théorie. C'est aussi une approche incomplète, mais qui reste cependant au centre de discussion entre chercheurs. Concernant le model de l'UE, l'approche de Réseaux est encore en construction. Certains chercheurs tels que Markus Jachtenfuchs le voyaient comme une étape positive à cause de son caractère

approche est la seule qui garantira la participation effective de tous les groupes politiques, économiques et sociaux africains dans le processus d'intégration. Au niveau régional, on peut toujours privilégier l'approche du néo-fonctionnalisme, même si Haas l'avait déclaré « obsolescent » (Nelsen ans Stubb 2003, 337).[28] C'est le lieu de mentionner qu'il existe de sérieuses réserves sur le rendement des regroupements régionaux parce que les États sont économiquement inégaux et en grande partie faibles. Aussi, ils continuent de se mouvoir à l'intérieur de ce que Dr. Godwin Onu libellait la « matrice socioculturelle » des sociétés africaines (Onu 2003). Cette matrice, dans lesquelles les États évoluent, constitue un fardeau qui rend difficile la régionalisation en Afrique. C'est l'une des raisons pour laquelle ces regroupements régionaux n'ont pas connu beaucoup de succès, à part la CEDEAO qui tant bien que mal a pu sortir son épingle du jeu, quoiqu'étant encore très loin du rendement d'une véritable organisation régionale. Les institutions continentales doivent être assez efficaces pour transférer leur système de gouvernance aux organisations régionales. C'est le seul moyen pour contrôler et influencer (coordonner). Pour les besoins de cette étude et considérant l'hypothèse de recherche, la structure élaborée par l'approche du nouvel institutionnalisme est la mieux indiquée pour disséquer l'intégration en Afrique. Considérée du point de vue des institutionnalistes, que l'approche du choix rationnel est significative dans la mesure où elle peut aider à mesurer la distribution de pouvoir au sein des institutions de l'UA. D'une simple observation de l'UA, il apparaît déjà des signes qui permettent d'avancer que le pouvoir est inégalement distribué entre les institutions. Les institutions

---

large, mais ils sont aussi conscients de ses faiblesses puisqu'ils s'inquiètent du défaut de cette approche à prendre adéquatement en compte « le pouvoir et l'autorité politiques » et qu'elle ne représente donc aucun centre d'intérêt théorique.

[28] Hass est la figure emblématique de la théorie de l'intégration régionale. Depuis sa déclaration, la théorie de l'intégration régionale a disparu des discussions scientifiques. Les étudiants en intégration régionale furent obligés de focaliser leur attention sur d'autres domaines tels que l'approche de gouvernance de l'intégration européenne.

dominantes au sein de l'UA sont l'Assemblée Générale,[29] l'équivalent du Conseil européen - et le Conseil exécutif – le Conseil des Ministres de l'UE. La Commission de l'UA joue un simple rôle de secrétariat administratif – malgré la nouvelle structure institutionnelle. La Commission fonctionne toujours comme un organe de l'OUA. La quasi-inexistence du PPA, l'inexistence de la Cour africaine de Justice (CAJ) et le nombre réduit des organisations de la société civile voudraient dire que le pouvoir est concentré dans les « mains » des chefs d'État et des gouvernements nationaux. Le modèle de l'UE démontre clairement une distribution de pouvoir symétrique entre les différents acteurs. Chaque institution joue sa partition : la Commission et le Parlement européen jouent un rôle de premier plan et les autres acteurs, tels que la société transnationale et la société civile, ont un rôle de plus en plus grand lors de la prise de décision. Le modèle institutionnel de l'UA ne fonctionne pas correctement à cause de l'influence des gouvernements nationaux qui freinent l'avènement d'une gouvernance plurielle et retardent l'émergence d'un gouvernement supranational. Les rationalistes pensent que la négociation conflictuelle est positive et souhaitable entre agents. Ils procurent un genre d'analyse labélisé 'analyse de politique', puisque son principal but est d'analyser le choix des politiques en tant que résultat de l'interaction des différents acteurs dans un modèle institutionnel. De même, il est important d'examiner l'attitude et les préférences des États membres, puisque qu'il a déjà été constaté certains déséquilibres qu'il est nécessaire de prouver scientifiquement. Les rationalistes fournissent une autre technique qui est l'analyse constitutionnelle. Cette analyse diffère de celle de l'analyse des politiques en ce sens que la première se focalise sur le rendement (output) des institutions, tandis que la dernière prend en compte l'input des institutions. Les rationalistes expliquent pourquoi les États membres choisissent de renforcer les capacités de certaines institutions par rapport à d'autres institutions. En plus, ils expliquent les préférences d'intégration des forces motrices (têtes de pont).

---

[29] Le Sommet des chefs d'Etat.

Une autre catégorie du nouvel institutionnalisme est l'institutionnalisme sociologique. Cette approche mérite d'être mentionnée et prise en compte car elle sera utilisée lors de l'analyse de l'identité politique en Afrique. En Europe (UE), les fonctionnaires sont liés par leurs allégeances envers les traités de l'UE et non envers leurs gouvernements respectifs. Par ailleurs, les gouvernements nationaux des États membres sont entièrement engagés dans le processus d'intégration car ils partagent les mêmes croyances optimistes sur le futur de l'Europe, les mêmes convictions démocratiques, et les mêmes valeurs humaines. La construction d'une identité est vitale dans un processus d'intégration et c'est à ce niveau que se situe l'importance de l'institutionnalisme sociologique qui a pour but la dislocation des barrières cognitives car cela ajoute des coûts de transaction à la coopération. En ce qui concerne l'UA, on pourrait déjà se questionner si les fonctionnaires provenant des 53 pays, de différents milieux culturels et portant donc différentes valeurs, sont réellement intégrés. En effet, il serait insignifiant s'il n'y a aucune identité, aucune intégration en terme de partage de valeurs, s'il n'y aucune communication culturelle au sein de l'administration de l'UA. En fait, le magazine Jeune Afrique (Ghorbal 2007, 33-38) mentionne qu'il y a un véritable problème de ressources humaines et de gestion financière, qu'il n'y a pas de bonnes pratiques, qu'il y a des conflits personnels et une concurrence entre les employés francophones et anglophones au sein de l'UA. L'institutionnalisme sociologique pourrait aider à atténuer ces différences psychosociologiques, à construire un pont entre les acteurs, et à établir un climat de calme indispensable pour l'atteinte des objectifs. On pourrait aussi se focaliser sur les valeurs, les croyances et les identités respectives des États membres et examiner par la suite comment elles affectent les institutions et les acteurs. En effet, l'institutionnalisme sociologique (constructivisme social) présume que les institutions façonnent le processus d'intégration et que l'histoire affecte le comportement des acteurs.

Finalement, l'institutionnalisme historique sera aussi utile pour expliquer les concepts de « dépendance de sentier » et d' « autonomie des institutions ». Pour le faire, il faut revisiter l'histoire afin de mieux appréhender le poids du « contexte institutionnel » sur les négociations stratégiques et les formations de la préférence de chaque État membre ou des États leaders. Cependant, cette approche peut mieux clarifier dans le futur plus qu'elle ne le fait de nos jours, parce que les institutions de l'UA sont récentes et ne sont pas assez vigoureuses pour autodéterminer la direction que doit prendre l'intégration.

E. Les éléments d'étude

Les différentes théories de l'intégration permettent de mieux appréhender le phénomène de l'intégration. Particulièrement, le nouvel institutionnalisme souligne la primauté des institutions, le rôle et l'importance des institutions dans le processus d'intégration. Puisque les États africains sont inégaux et faibles pris individuellement, leur regroupement au sein des institutions devrait les renforcer et leur permettre d'afficher une position commune et forte en matière de politique internationale et dans l'arène économique. Les buts de l'intégration ne peuvent pas être réalisés à travers les nombreux, États faibles et inégaux; encore moins peuvent-ils être réalisés à travers des organisations régionales imparfaites et semi-finies. Les institutions constituent donc la seule porte de sortie à l'impasse ou au blocage en cours. Les éléments suivants des théories à examiner sont :

- Distribution de pouvoir des institutions ;
- Préférences des États membres ;
- Autonomie ;
- Contexte institutionnel ;
- Identité.

Faudrait-il rappeler un peu les différentes approches du nouvel institutionnalisme ? Pour les théoriciens du choix rationnel, la distribution de pouvoir ou la délégation de pouvoir est l'élément-clé pour expliquer comment les acteurs réagissent aux challenges posés par l'intégration. La préférence des États membres est aussi une composante importante parce que ces derniers veulent faire une utilisation stratégique des institutions. Quant aux institutionnalistes historiques, ils se concentrent sur le contexte institutionnel qui va façonner les décisions futures des acteurs. Ils indiquent aussi que l'autonomie des institutions est centrale pour créer une dynamique. Finalement, pour les institutionnalistes sociologiques, l'élément-clé est la variation culturelle ou cognitive exprimée par les identités, les croyances, et les valeurs qui déterminent le cours de l'intégration. Pourquoi ces éléments sont-ils importants ?

Premièrement, l'UA représente un groupe d'institutions à l'intérieur duquel les acteurs dans des domaines de prise de décisions pertinents se comportent stratégiquement pour atteindre leur résultat préféré. La question est de savoir comment le pouvoir est distribué. La distribution de pouvoir consiste à réexaminer les règles de l'UA en ce qui concerne la prise de décision.

Deuxièmement, une attention particulière sera portée aux États membres dont les préférences peuvent affecter le développement des institutions.

Troisièmement, l'autonomie est un facteur important de réussite ou d'échec dans un modèle institutionnel. Est-ce que les institutions de l'UA jouissent de l'autonomie ? C'est une question intéressante car il est connu que les gouvernements nationaux sont réticents à transférer leur souveraineté à un gouvernement supranational.

Quatrièmement, il convient de considérer le contexte institutionnel qui suppose que l'histoire crée le contexte, et que le contexte façonne le choix ou la voie (des acteurs). Considérant l'histoire de l'UA, les changements fondamentaux, créés tout au long des années (temps) et dans les différentes zones géographiques (espace), ont-ils créé suffisamment de liens capables d'influencer les prises de décisions actuelles ou les attitudes des acteurs ? Il semble difficile de répondre à cette question puisque l'UA est âgé de cinq ans seulement.

Le dernier élément à examiner est l'identité. L'UA n'est pas seulement faite d'un groupe d'institutions, mais aussi d'éléments de cultures variées. Chaque État membre a sa propre tradition et sa propre histoire. Il n'y a aucune raison pour assumer que l'identité est commune et partagée entre les 53 États composant l'UA. Au contraire, les fondements historiques des États africains nous éclaire sur le fait qu'il existe plusieurs identités sur le continent. Le management des institutions deviendra complexe si le fait est établi qu'il existe plusieurs identités. La prochaine section va révéler la structure de cette étude.

1. Conceptualisation

Par conceptualisation, il faut comprendre le raffinement (affinage) et la spécification des notions et concepts de l'étude. Ici, il faut définir les principaux concepts qui seront utilisés tout au long de l'étude (Babbie, 2004).

- Institutions

Par institutions, il s'agit d'une collection de pratiques et de règles définissant un comportement approprié pour un groupe spécifique d'acteurs dans des situations spécifiques. Les institutions au sein de l'UA sont : l'Assemblée de l'Union,[30] le Conseil exécutif,[31] la Commission,[32] le Parlement panafricain,[33] la Cour de Justice,[34] le Comité des Représentants Permanents

---

[30] C'est l'organe suprême de l'UA, dénommé Sommet des chefs d'État. C'est l'équivalent du Conseil européen de l'UE.
[31] C'est le second organe le plus influent de l'organisation. Il regroupe les ministres des États membres. C'est l'équivalent du Conseil des Ministres de l'UE.
[32] C'est le Secrétariat de l'Union. C'est l'équivalent de la Commission européenne.
[33] C'est la voix du peuple dans l'élaboration des décisions. C'est l'équivalent de Parlement européen.
[34] C'est l'instance de l'Union dont le rôle est d'assurer l'observation du droit dans l'interprétation et l'application de l'Acte Constitutif.

(CRP),[35] les Comités Techniques Spécialisés (CTS), le Conseil Culturel et Social et les Institutions Financières.[36] Les cinq premières institutions sont les plus puissantes.

- Communauté économique régionale

La CER est l'institution sous-régionale établie dans chaque région particulière de l'Afrique (Ouest, Est, Nord, Sud et Centre) pour conduire le processus d'intégration économique à l'intérieur de cette région. L'intégration économique doit procéder par plusieurs étapes qui sont : la Zone de Libre Échange, l'Union Douanière, le Marché Commun et l'Union économique et Monétaire (UEM). On parle d'intégration réussie quand les différents acteurs sont parvenus à réaliser la dernière étape, c'est-à-dire l'UEM.

- Gouvernance plurielle (gouvernance à multi-niveaux)

Par gouvernance plurielle, on entend d'un système dans lequel le pouvoir est partagé entre les différents niveaux suivants : supranational, régional et national. Le terme inspire aussi qu'il y ait une juste interaction des acteurs politiques de part et d'autre de ces niveaux et une coordination qui fonctionne bien.

- Supranationalisme

Par supranationalisme, il faut comprendre que les décisions sont prises à travers un processus indépendant de la volonté des gouvernements nationaux. Les acteurs en charge de ce processus sont les institutions. Par exemple, la Cour de Justice est une institution supranationale. La logique du supranationalisme suppose que les gouvernements nationaux endossent les

---

[35] Le CRP est composé d'ambassadeurs accrédités.
[36] Composées de la Banque Centrale africaine, du Fonds Monétaire africain, de la Banque d'Investissement africaine.

décisions supranationales. Le terme supranationalisme contraste souvent avec intergouvernementalisme.

- États

Par États, on entend les 53 États africains légitimes et membres de l'UA. Ces États sont représentés par leurs chefs d'État respectifs qui siègent à l'Assemblée Générale, leurs ministres respectifs qui siègent au Conseil exécutif et par d'autres mécanismes tels que : l'accréditation des ambassadeurs et le recrutement des acteurs de la société civile.

- Forces motrices

Par forces motrices, on entend les États africains actifs les plus puissants et les plus influents au sein de l'UA. Les plus importantes forces motrices de l'intégration africaine sont le Nigéria, la Libye, l'Afrique du Sud, l'Algérie et l'Egypte. Ces États ont une grande marge de manœuvre et de négociation en vertu de leur position économique et de leur contribution nette dans le budget.

- Acteurs

Par acteurs, on entend les gouvernements (États), des organisations supranationales (institutions) et des entités non-étatiques ou non-gouvernementales telles que les groupes d'intérêts privés et publics. Tandis que les groupes d'intérêts privés poursuivent des buts économiques spécifiques, les groupes d'intérêts publics poursuivent des buts non-économiques tels que, par exemple, la protection de l'environnement et la défense des droits de l'homme.

- Autonomie

Par autonomie, il faut comprendre la capacité des institutions – principalement la Commission, la CAJ et le PPA – à agir indépendamment malgré les influences des acteurs. L'autonomie a un rapport avec des règles légales, des mécanismes et des procédures clairement définis dans l'AC qui garantissent l'indépendance juridique et financière des institutions pendant l'exercice de leurs autorités respectives.

- Identité

Les 53 États ont apporté respectivement dans l'Union leurs histoires nationales, leurs traditions nationales, leurs constitutions, leurs principes légaux, leurs systèmes politiques, leurs capacités économiques, leurs cultures, leurs valeurs et croyances qui constituent leurs identités propres. L'un des principaux challenges de l'UA est de gérer ces différentes identités et de former une nouvelle et unique identité politique (communauté) ou les peuples se sentiront attachés à cette nouvelle communauté plutôt qu'à leur gouvernement respectif. L'analyse se focalisera sur l'identité politique qui est formée des valeurs suivantes : la démocratie, la bonne gouvernance et la solidarité.

- Contexte institutionnel

Par contexte institutionnel, il faut entendre un ensemble de normes ou de structures discursives dans lesquelles prend place le processus de développement des valeurs. C'est la dynamique et les interactions créées par les institutions afin de diffuser les valeurs et l'identité. Concernant le partage de valeurs, il y a deux processus opérant à l'intérieur du contexte institutionnel : le processus d'apprentissage et le processus de socialisation.

2. Opérationnalisation

Le processus d'opérationnalisation vise à établir la manière dont l'étude sera menée. Autrement dit, il spécifie les dimensions des concepts, des variables à étudier et des méthodes de recherches. Il est déjà important de commencer par mentionner que le but de cette recherche est explicatif, les unités d'analyse sont les organisations ; et la population est d'une part les institutions de l'UA et d'autre part les États membres.

- Distribution de pouvoir des institutions
✓ Dimensions: étatiste, gouvernance multi-niveaux
✓ Indicateurs: centralisation, diffusion du pouvoir (décentralisation)
✓ Méthode de collecte de données: analyse des institutions de l'UA, ses règles et procédures, l'analyse des processus de prise de décision, rôle de la société civile
✓ Méthode de recherche: Analyse de contenu

- Préférences des États membres
✓ Dimensions : intérêts économiques, intérêts sécuritaires, intérêts commerciaux, intérêts politiques
✓ Indicateurs : intergouvernementalisme versus supranationalisme
✓ Méthode de collecte de données: analyse des magazines, des discours, des rapports des sommets
✓ Méthode de recherche : l'analyse historico-comparative

- Autonomie
✓ Dimensions: autonomie juridique et financière
✓ Indicateurs : indépendance, autosuffisance financière
✓ Méthode de collecte de données : analyse de l'AC et budget de l'UA
✓ Méthode de recherche: Analyse de contenu

- Contexte institutionnel
✓ Indicateurs : normes
✓ Méthode de collecte de données: analyse du processus de transformation de la CER et de l'UA, analyse de l'impact de l'UA sur la REC
✓ Méthode de recherche: Analyse historique/comparative

- Identité
  ✓ Dimensions: institutions démocratiques, bonne gouvernance, solidarité
  ✓ Indicateurs: stabilité politique, paix, transparence et reddition de comptes
  ✓ Méthode de collecte de données: analyse générale et impartiale des systèmes politiques des États africains, analyse des rapports des observateurs externes de la politique africaine
  ✓ Méthode de recherche: analyse de contenu, analyse historico-comparative

Puisque l'étude de l'intégration est une recherche discrète, les méthodes de recherche utilisées dans cette étude sont l'analyse du contenu et l'analyse historique/comparative. En étudiant la variable « répartition du pouvoir des institutions », c'est pour savoir où le pouvoir réside dans l'UA. L'analyse du contenu des traités de l'UA, des avant-projets et de l'AC sont les sources d'information. L'UA est une organisation, et comme toute organisation respectable elle ne peut survivre sans des règles et des procédures qui sont formulées et définies dans les traités ainsi que dans les documents de même nature. Les questions auxquelles il faut répondre sont les suivantes: quelles sont les institutions de l'UA ? Comment fonctionnent-elles ? Qui en est le responsable ? Et quelle est l'étendue du pouvoir de chacune d'elles ?

La prochaine étape consiste à étudier quelles sont les préférences des États membres. Ce n'est pas parce que l'étude sera entreprise sous l'angle des institutions que les États membres ne seront pas pris en compte. En réalité, ils sont les acteurs principaux et l'UA est construite sur les fondations de ses États membres. L'analyse des préférences des États membres devrait expliquer le choix de l'actuel régime constitutionnel et institutionnel. On pourrait rechercher des informations dans les revues locales des États membres, écouter les discours de leurs dirigeants respectifs et aussi analyser les rapports des sommets afin de voir quel genre d'amendements a été fait et qui en est l'initiateur. Les questions auxquelles l'on peut être en mesure de répondre sont : quelles sont les préférences des puissances motrices de l'UA ? Sont-elles guidées par des considérations économiques ou politiques ? Par conséquent, les points de vue des États membres sont-ils divergents ou convergents ? Dans quelle mesure ces préférences contribueront-elles à renforcer la coopération entre États ? Est-ce que les États sont prêts à renoncer à leur souveraineté pour le bien d'un gouvernement supranational ?

Ensuite, il convient de se pencher sur l'autonomie des institutions essentiellement la Commission puisqu'elle doit être le moteur de l'intégration. Les questions sont assez simples dans la mesure où beaucoup se demandent si la Commission est réellement juridique et financièrement autonome. La règle admise est que la Commission doit être juridiquement autonome - ce qui signifie que les États membres délèguent leur pouvoir au Président et aux membres de la Commission - et aussi financièrement autonome. L'analyse des données statistiques existantes de l'UA peut être utile pour connaître le budget des institutions et les contributions des États membres. D'autres questions pourraient être : quelles sont les limites que l'AC prescrit à la Commission ? Est-ce que la Commission jouit d'autres sources de revenus à sa disposition ?

La quatrième analyse consiste à étudier le contexte institutionnel. La création de la CEA a été une étape importante et incontournable de l'UA. Avec les différentes formes d'accomplissements essentiellement économiques, l'OUA est devenue obsolète. Les États membres de l'UA ont alors décidé de remédier au déficit d'organisation en trouvant un nouveau forum qui est l'UA. Ce qui doit être identifié n'est pas le processus historique comme cela s'est fait dans le premier chapitre. Au contraire, ce qu'il faut examiner, ce sont les éléments, la décision, les politiques, qui avaient contribué à façonner les préférences des États membres et les avaient amenés à faire une intégration poussée. Les méthodes historico-comparatives sont adéquates car elles permettent d'explorer le passé et d'examiner les dispositions de l'intégration régionale. Le résultat attendu est que, puisque les institutions ne sont pas assez autonomes, elles ne peuvent pas imprimer une dynamique aux normes et leurs impacts sur le processus d'intégration sont très infimes. Une dynamique sera créée lorsque les institutions de l'UA, notamment la Commission, seront renforcée. Le prochain chapitre démontrera en quoi consiste cette dynamique.

Enfin, le dernier élément de l'étude est l'identité. Le concept d'identité est vaste, vague, et complexe à cerner. C'est pourquoi l'étude se limitera à l'identité politique telle que la démocratie, la bonne gouvernance et la solidarité comme valeurs universelles. On pourrait étendre l'étude à d'autres valeurs telles que les droits de l'homme ou l'émancipation et la participation de la femme, etc. Les questions à résoudre sont les suivantes: est-ce que les États africains ont une forte identité politique ? En quoi consiste l'identité africaine ? Est-ce que la démocratie représente un enjeu? Quelles sont les expériences de l'Afrique en matière de démocratie et en matière de bonne gouvernance ? Est-ce que les perspectives de la culture démocratique sont assez encourageantes ? Est-ce-que les peuples et les États africains font preuve de solidarité face aux changements mondiaux ? Y a-t-il suffisamment de perspectives pour renforcer la solidarité ? L'identité africaine devrait-elle être caractérisée par des valeurs individuelles ou collectives et des croyances ? Est-ce que l'UA jouit d'une identité commune ? Le concept d'identité est large. Pris isolément, il peut tenir dans un chapitre entier ; la précision est requise ici. L'analyse du contenu et l'analyse historico-comparative sont les méthodes d'analyse à utiliser. Le chapitre suivant donne plus de détails sur l'institutionnalisation de l'UA.

III. Institutionnalisation de l'UA

Le deuxième chapitre fut consacré à la définition du concept de l'intégration et aux différentes théories liées à l'intégration. Un intérêt particulier fut porté aux théories explicatives de l'UE. Parmi ces théories explicatives, celle du nouvel institutionnalisme semble plus appropriée pour expliquer le rôle et l'importance des institutions dans la formation du comportement des acteurs en particulier et du processus d'intégration en général. Par ailleurs, fut établie l'applicabilité de ces théories à l'UA qui ne dispose pas encore de fondement théorique. Ceci permit de dégager par la suite quelques éléments pertinents extraits de ladite théorie ; éléments énumérés et soumis à un processus d'opérationnalisation conformément à la nature de la recherche – discrète - et aux principales méthodes de recherche retenues - l'analyse du contenu et l'analyse historico-comparative. Ce troisième chapitre vise donc à étudier l'institutionnalisation de l'UA. Par institutionnalisation, on entend la dynamique auto-active générée par les institutions de l'UA pour renforcer ou accélérer le processus d'intégration, une fois que débute le mouvement vers le pôle supranational. Cette dynamique sera analysée à travers les éléments extraits de la théorie du nouvel institutionnalisme à savoir :

- Distribution du pouvoir entre les institutions ;
- Préférences des États membres ;
- Autonomie ;
- Contexte institutionnel ;
- Identité.

Le choix délibéré qui consiste à se focaliser sur les trois approches du nouvel institutionnalisme donne l'avantage d'élargir l'observation, donc en ne limitant pas l'étude à des éléments isolés et disparates de ladite théorie. Un autre avantage tient du cas présent, c'est-à-dire de la spécificité de l'intégration africaine qui requiert l'établissement d'un pont entre les trois approches de ladite théorie. Cela permettra d'aboutir à des résultats concrets et fiables.

A. Distribution de pouvoir des institutions

L'analyse des règles et des procédures de l'UA révèle la façon dont le pouvoir est distribué au niveau de l'UA. Étant donné que l'UA est un ensemble d'institutions, il est nécessaire de comprendre comment la décision est prise. La prise de décision au sein de l'UA peut être divisée en quatre phases successives : l'initiation de l'agenda (pouvoir lié à l'établissement de l'ordre du jour), le pouvoir de prise de décision même, la mise en œuvre de la décision prise et l'arbitrage. Il est aisé de comprendre que tous les acteurs ne peuvent pas jouir en même temps et au même moment du pouvoir de décider et que chaque institution a son rôle, ses prérogatives et sa sphère d'influence. Cependant, on ne sait pas encore comment cela fonctionne, s'imbrique et quelles sont les prérogatives de chaque institution. L'hypothèse analytique est que, seules la séparation et la diffusion du pouvoir entre les institutions de l'UA peuvent garantir le bon fonctionnement ou l'efficacité de ses institutions. La diffusion du pouvoir, par opposition à la concentration du pouvoir entre les mains d'une ou de deux institutions, est le signe d'un arrangement institutionnel réel comme modèle choisi par l'UA pour réaliser ses objectifs. L'arrangement institutionnel ne signifie rien d'autre que le mode de gouvernance à multi-niveaux (décentralisé ou déconcentré) par opposition au mode État-centrique (centralisé ou concentré). Si le modèle de gouvernance multi-niveaux est valide, trois conditions doivent apparaître. Premièrement, on devrait constater que la souveraineté des États est fondue dans la prise de décision collective et compromise au cours de la prise de décision. Deuxièmement, on devrait constater que la prise de décision nationale détermine très faiblement ou ne détermine pas les résultats des politiques. Troisièmement, on devrait constater que les intérêts sous-nationaux se mobilisent directement à l'intérieur de la scène africaine, et restent au-delà de la portée des gouvernements nationaux. Si, en revanche le modèle État-centrique est valable, on pourrait s'attendre à trouver des gouvernements nationaux en position dominante. Cela suppose trois conditions aussi. D'abord, chaque État devrait maintenir sa souveraineté dans le processus de prise de décision collective. Deuxièmement, les gouvernements nationaux, en vertu de l'autorité conférée à l'Assemblée et au Conseil exécutif, devraient être en mesure d'imposer leurs préférences de manière collective sur les autres institutions africaines que sont le PPA, la Commission africaine, et la CAJ. Troisièmement, les gouvernements nationaux devraient contrôler l'accès des groupes sous-nationaux sur la scène africaine. Mais avant de passer à l'analyse du processus proprement dit de prise de décision, il est obligatoire d'examiner les institutions de l'UA ainsi que leurs règles et procédures.

1. Institutions, Règles et Procédures

Parmi les cinq principales institutions envisagées par l'AC, quatre ont été effectivement établies, mais seulement trois fonctionnent correctement. Celles qui fonctionnent sont l'Assemblée, le Conseil exécutif et la Commission. Le PPA a été inauguré en mars 2004 et comprend 5 députés de chaque pays membre de l'UA. Il ne fonctionne pas correctement car il a été suspendu en raison du manque de fonds. En effet, son président a soumis un budget de 18 millions d'USD ; ce dont l'UA ne dispose pas. Sa transformation éventuelle en véritable organe législatif est prévue. À l'heure actuelle, la CAJ est un organe consultatif en développement ; l'article 18 (1) de l'AC stipule vaguement que la CAJ doit être établie. Cela peut prendre du temps en raison du manque de fonds. Toutefois, le PPA et la CAJ devraient être opérationnels en 2007 et ne jouiraient que d'un pouvoir consultatif. Tant que les institutions ne seront pas totalement installées, la question de la répartition du pouvoir devient problématique. L'Assemblée de l'Union est le plus puissant organe de l'UA. L'Assemblée est le Sommet des dirigeants politiques des États membres (plus le président de la

Commission) ; elle se tient deux fois par an. Elle jouit d'un statut juridique particulier, ce qui lui confère un immense prestige et une grande légitimité. C'est elle qui définit les politiques communes de l'Union. Elle contrôle le Conseil exécutif, la Commission et a beaucoup d'autres attributions (Packer et Rukare 2002, 375).

Outre la construction institutionnelle inachevée, il convient d'ajouter que les règles de l'UA ont été marquées d'un fort degré d'opacité. L'AC qui est une sorte de constitution de l'organisation continentale est muet sur les règles et procédures concernant le fonctionnent pratique de ces institutions. Par exemple, l'article 8 stipule que l'Assemblée doit adopter des règles et procédures. De même, le Conseil exécutif devra adopter ses propres règles et procédures (article 12). Quant à la Commission, l'article 20 (3) stipule expressément que les structures, les fonctions et les règlements de la Commission sont déterminés par l'Assemblée. Autrement dit, l'Assemblée et le Conseil exécutif ont leurs propres règles et procédures tandis que la Commission n'a pas de règles et procédures qui prouvent qu'en réalité elle fonctionne toujours comme une institution et non comme un secrétariat. En observant les institutions en place et les règles et procédures élaborées, il est aisé de remarquer que le pouvoir est concentré entre les mains de l'Assemblée et du Conseil exécutif qui font d'eux les plus puissantes institutions de l'UA. En l'absence du PPA et de la CAJ, ils dictent leurs règles à la Commission qui est considérée comme un simple secrétariat de l'Union (article 20.1).

2. L'élaboration des politiques au sein de l'UA

On peut diviser le processus de prise de décision en quatre phases successives: initiation de la politique, prise de décision, exécution et arbitrage. Dans les systèmes politiques qui impliquent de nombreux acteurs et des procédures complexes, le pouvoir de fixer l'ordre du jour est extrêmement important. Au niveau de l'UA, l'Assemblée a le pouvoir formel d'initier et de concevoir des avant-projets de loi, qui comprennent le droit d'amender ou de retirer sa proposition. Le Conseil exécutif a le pouvoir de prendre des décisions dans des domaines d'intérêt commun pour les États membres comme le stipule l'article 13.1 de l'Acte. Le pouvoir du Conseil exécutif est élargi à tel point qu'il est doté de l'autorité pour mettre en œuvre les politiques formulées par l'Assemblée. Le Conseil exécutif est assisté dans sa mission par deux organes, le CRP,[37] qui assure le secrétariat, et le CTS[38] qui fournit l'expertise. En absence de la CAJ, l'Assemblée est dotée du pouvoir de surveiller la mise en œuvre des politiques et décisions de l'Union ainsi que d'en assurer le respect par tous les États membres. Le seul pouvoir dont dispose la Commission de l'UA est son relatif avantage d'information, sa connaissance des dossiers, son savoir-faire technique et ses expériences cumulées lors des différentes négociations de la réforme des textes. Il serait utile d'examiner les processus de prise de décision politique au niveau de l'UE pour la comparaison.

Au niveau de l'UE, le Conseil européen ne bénéficie pas suffisamment de pouvoir. Le rôle des chefs d'État est extrêmement limité et les organes les plus puissants sont la Commission, le Parlement de l'UE, et la Cour européenne de Justice. Le Parlement européen et la Cour de Justice sont le symbole de la représentation indirecte des citoyens dans le projet de construction européenne. Tandis qu'à l'UA, la Commission n'a aucun pouvoir, à l'UE, la Commission est le principal initiateur de l'agenda. Le Parlement de l'UE est également doté de l'autorité de fixer l'ordre du jour dans son domaine, en fonction des prérogatives de son mandat. Ainsi, le domaine des politiques est réservé à la Commission, tandis que le domaine de la législation est réservé au Parlement. Quant à la Cour de Justice, son rôle consiste à régler les différends par l'interprétation de la loi. L'une des raisons de la limitation du

---

[37] Il est chargé de préparer les documents de travail du Conseil et de mettre en œuvre ses instructions. Le choix du groupe de travail ou des sous-comités pour assister à la préparation et à l'exécution des recommandations est laissé à la discrétion du Comité.
[38] Les articles 14, 15 et 16 de l'Acte fournissent les détails relatifs à l'établissement, la composition, les fonctions et les réunions des CTS qui constituent un organe de l'UA.

pouvoir du Conseil européen réside dans le fait que cette institution n'est pas permanente et que les chefs d'État ne se réunissent que deux ou trois fois par an. Le pouvoir est donné aux institutions permanentes telles que le Parlement, la Commission (comme initiateurs d'agendas) et la CAJ. Une autre raison qui explique cette répartition du pouvoir réside dans le fait que les petits pays doivent être protégés contre les abus stratégiques des institutions par les États les plus puissants.

La façon dont les décisions sont prises à la fois à l'Assemblée et au Conseil exécutif de l'UA est utile à parcourir. Dans les deux cas, les décisions sont prises par consensus ou, à défaut, par une majorité des deux tiers des État membres de l'Union. En d'autres termes, le Vote à la Majorité Qualifiée (VMQ)[39] est le mode d'expression des exécutifs nationaux. Il n'existe aucun droit de veto, comme il existe dans le Conseil des Ministres de l'UE. La majorité qualifiée est de loin préférable au vote à l'unanimité dans la mesure où l'efficacité pourrait être accrue en rendant possibles des décisions plus rapides que dans l'UE, où la recherche du consensus, souvent en fonction du plus petit dénominateur commun, est la réalité quotidienne (Gottschalk et Schmidt 2004, 141). C'est une bonne étape pour l'UA qui arrive à affronter timidement la question de la souveraineté de ses États membres. Toutefois, la question est encore là. Que représente un vote à majorité qualifiée quand 53 États doivent prendre une décision dans un contexte fortement intergouvernemental ? En fait, la majorité qualifiée représente les deux tiers, soit 35 pays, ce qui n'est pas des moindres. Pourtant, avec 27 États membres, tout a changé au niveau de l'UE, aussi bien l'ordre du jour de la politique de l'UE que les mesures procédurales. Tous les experts et les décideurs reconnaissent et conviennent de la nécessité de nouvelles réformes, de nouvelles politiques et de l'émergence d'un gouvernement supranational que la Commission européenne pourrait devenir. C'est la raison pour laquelle la nouvelle constitution européenne a été rédigée ; mais elle reste encore à être adoptée par la France et les Pays-Bas.

---

[39] Règles 19 du Conseil exécutif (Règles et Procédures).

3. L'accès des groupes sous-nationaux

La société civile dans l'UA a un rôle de grande importance. Le premier sommet de l'UA à Durban a engagé l'Organisation pour la mise en place des fondements pratiques visant l'opérationnalisation du forum de la société civile. Dès lors, les groupes publics ont été mobilisés de manière intensive dans l'arène du continent sous le forum nommé CESC. Alors que leur pouvoir est difficile à cerner, il est évident que la Commission prend leurs apports au sérieux. Le forum comme les autres institutions est encore en phase de développement. Il devrait être composé de 150 organisations de la société civile représentant les groupes sociaux comme les femmes, les jeunes, les personnes âgées et les personnes handicapées, les groupes professionnels comme les médecins, les avocats, les médias et les entreprises d'affaires. Il devrait être composé d'ONGs et d'organisations communautaires, des organisations de travailleurs et d'employeurs, des chefs traditionnels, des milieux universitaires, des associations religieuses et culturelles. Les partis politiques sont exclus parce qu'ils peuvent se faire représenter au PPA (Muchie, Padayachee et Habib 2006). Ici aussi, l'UA est confrontée au problème du manque de capacité financière. Néanmoins, il existe quelques groupes d'organismes en activité au sein de l'UA. Leurs membres sont très actifs et conscients de leur rôle dans l'Afrique d'aujourd'hui et de demain. Ils ont publié en Janvier 2007, un excellent rapport[40] de l'état des institutions de l'UA et du rôle de la société civile. Dans ce rapport, ils soulignent l'asymétrie créée par la dynamique État-centrique de l'UA et l'absence de gouvernance à plusieurs niveaux. Le fonctionnement du PPA, celui de la CAJ, et celui du NEPAD devraient augmenter le pouvoir de la société civile et sa capacité à convaincre les autres acteurs et à influencer les décisions. Actuellement, la sélection des organisations de la société civile qui sont censées se réunir au sein du forum est moins désirable. Les organisations en place sont celles qui sont

---

[40] « Towards a People-Driven African Union: Current Obstacles and New Opportunities », January 24, 2007. OXFAM.

choisies et envoyées par les gouvernements nationaux pour représenter la société civile nationale. Une fois de plus, les cadres nationaux contrôlent totalement la désignation et les engagements des intérêts publics ; et pour longtemps, ils contrôleront leur participation. Le CESC actuel, comme le PPA, n'est qu'un organe consultatif, et ses éléments constitutifs, à savoir les organisations de la société civile doivent avoir l'aval des États concernés.

L'édifice inachevé des institutions de l'UA prévues par l'AC, la répartition inégale du pouvoir et le simple rôle de secrétariat joué par la Commission permettent de déduire que :

- L'UA est de nature intergouvernementale, plutôt que de nature institutionnelle ;
- L'UA a adopté une gouvernance centrée sur l'État, par opposition à la gouvernance multi-niveaux ;
- L'UA ne diffère que sensiblement de l'OUA dans la mesure où le pouvoir reste concentré entre les mains des gouvernements nationaux ;
- La création et la multiplication des institutions deviennent problématiques puisque le pouvoir n'est pas diffusé ;
- Les pouvoirs de l'Assemblée et du Conseil exécutif deviennent relatifs et problématiques quand il s'agit de s'assurer du respect des décisions par les États membres ;
- Tant que ces irrégularités, qui sont en contraste frappant avec la philosophie du nouvel institutionnalisme ne seront pas corrigées, aucune avancée ne pourra être escomptée.

Une analyse croisée des préférences des États membres devrait accorder la confirmation des observations ci-dessus. Les explications rationnelles de l'arrangement constitutionnel actuel et la répartition du pouvoir des institutions sont enracinées dans les préférences des États membres. Il ne serait pas possible de regarder les préférences de tous les 53 pays. Toutefois, on peut les subdiviser en trois grands groupes, à savoir ceux qui militent pour que l'UA soit politique, ceux qui pensent que les questions de sécurité doivent être au centre des préoccupations et enfin ceux qui donnent la priorité aux intérêts économiques.

B. Préférences des États membres

La fondation de l'UA repose sur les États membres. L'intérêt accordé au nouvel institutionnalisme ne signifie pas qu'il faille nier totalement le rôle et la prédominance des États. Il faut reconnaître que les États membres comptent pour beaucoup dans le processus. Cependant, si l'Afrique veut vraiment obtenir des résultats probants, les préférences des institutions doivent l'emporter sur les préférences des États membres qui agissent de manière peu rationnelle et « égoïste ». En d'autres termes, les États membres comptent pour beaucoup parce qu'ils sont les acteurs-clés de l'UA dans la prise de décisions, que ce soit dans les décisions de l'Assemblée ou dans les décisions politiques plus systématiques du Conseil exécutif. En outre, ils sont aussi les acteurs-clés dans la mise en œuvre des politiques africaines puisqu'ils fournissent des sous-structures administratives sur lesquelles l'UA se base et dont elle dépend dans la plupart des secteurs pour mener à bien ses politiques. En outre, la territorialité compte aussi au sein de l'UA. Il a été mentionné dans le chapitre premier, que, la territorialité est le principe fondamental d'organisation des États africains modernes. La forme prédominante d'organisation institutionnelle au sein de l'UA s'arrange ou s'accorde sur les lignes nationales et régionales: que cela soit, plus évidemment, dans la hiérarchie du Conseil exécutif ou dans la répartition des commissaires et des membres du PPA (Bulmer et Lequesne, 2005, 3).

De l'analyse de l'AC et de l'examen des règles et procédures de l'UA, il ressort que les États membres conservent le contrôle du processus d'intégration en dépit de la nouvelle conception institutionnelle de l'UA. Parmi les dirigeants africains, peu nombreux sont ceux qui souhaitent une gouvernance à niveaux multiples. La plupart d'entre eux préconisent la suprématie des gouvernements nationaux sur les institutions de l'UA, d'où le rôle mineur joué par la Commission. En plus de l'engagement de la majorité des dirigeants africains au modèle centré sur l'État, on pourrait dire que l'intégration politique avec l'érection d'un organe supranational a été retardée au profit d'une organisation économique et des institutions sous-régionales. Faudrait-il rappeler que, lors de la création de l'OUA en 1963, il y avait un problème de vision entre le groupe qui préconisa la création des États-Unis d'Afrique (groupe Nkrumah) et celui qui opta pour une intégration progressive (groupe Nyerere, Houphouët). La divergence est encore à l'ordre du jour et chaque groupe s'en tient à sa position. Au sein de l'UA, les décisions des petits États sont influencées par celles des plus grands, qui imposent leurs règles à l'Assemblée, au Conseil exécutif et à la Commission. Le fait que ces grands États soient potentiellement et économiquement puissants accroît leur influence, dans la mesure où ils sont les principaux contributeurs au budget de l'UA. Les plus puissants États, ceux qui conduisent le cours de l'intégration sont la Libye, le Nigéria, l'Afrique du Sud, l'Égypte et l'Algérie. Ces cinq (5) pays contribuent pour 75 % au budget de l'UA. Cette étude abordera l'analyse de la préférence de trois (3) puissances. Il s'agit de l'Afrique du Sud, du Nigéria et de la Libye. Cette analyse est importante car elle fera ressortir les points de divergence des États membres et leur utilisation égoïste des institutions de l'UA.

1. Les intérêts commerciaux de l'Afrique du Sud

Le potentiel économique de l'Afrique du Sud est énorme, car elle détient les plus importantes réserves minières au monde. C'est l'État le plus influent et dominant dans le sud de l'Afrique, et l'État le plus puissant en Afrique. Par exemple, il possède des parts de 160 milliards de dollars US dans l'économie mondiale en 2000 (Nyirabu, 2004, 29). Selon les indicateurs économiques et financiers, l'Afrique du Sud est la 13ème plus importante économie dans le monde (Ministère des Affaires étrangères 2006). L'Afrique du Sud bénéficie d'une excellente position géographique dans le sud du continent, qui accorde un éventail de possibilités d'échanges avec toutes les parties du monde. Depuis la fin de l'apartheid en 1990 et sous la direction de son premier président noir Nelson Mandela qui a bénéficié de l'appui du parti au pouvoir, l'African National Congress (ANC), l'Afrique du Sud a connu un progrès remarquable sur tous les plans. Le pays n'est plus considéré comme une terre d'injustice et de violations des droits de l'homme. L'Afrique du Sud est ainsi devenue l'une des nations du monde à fort potentiel commercial et le bon exemple en Afrique en matière de bonne gouvernance, de démocratie et des droits de l'homme. Quand le président Nelson Mandela s'est retiré, son successeur Thabo Mbeki a donné la priorité à l'élaboration d'une politique étrangère cohérente qui tournait autour de l'internationalisme libéral. Le président Mbeki est guidé principalement par des intérêts commerciaux et le désir de changer l'image négative de son pays qui a souffert sous la domination britannique (Tieku 2004, 253). Il a suivi la voie tracée par son prédécesseur en soulignant l'importance des investissements étrangers afin de stimuler la croissance économique et le développement. L'Afrique du Sud n'est pas prête à abandonner sa position dominante sur l'échiquier politique en Afrique. C'est dans cette quête de la prospérité qu'elle a lancé l'idée de « Renaissance africaine » et a demandé instamment la réforme de l'OUA. Selon l'Afrique du Sud, les objectifs stratégiques de la Renaissance africaine que sont la promotion de la paix, la prospérité, un leadership progressiste, la démocratie, le développement durable et la bonne gouvernance, ne peuvent être réalisés qu'à travers des institutions fortes. Elle a été l'un des initiateurs principaux de la nouvelle organisation continentale, l'UA. Pour la concrétisation de ses politiques, l'Afrique du Sud a accepté d'abriter les Sièges du NEPAD[41] et du PPA.

---

[41] Le NEPAD est une sorte de Plan Marshall pour l'Afrique. Il a été lancé en 2001. Le projet vise à promouvoir les investissements du secteur privé. Les secteurs prioritaires dans lesquels le NEPAD apportera sa contribution à l'intégration économique sont les suivants : (a) Technologies de l'information et de la communication ; (b) énergie ; (c) construction des infrastructures de

2. Les craintes sécuritaires du Nigéria

Le Nigéria et l'Afrique du Sud ont beaucoup de similitudes. Le Nigéria est disposé à jouer le même rôle que l'Afrique du Sud, et il le fait très bien dans sa sphère d'influence, l'Afrique occidentale, à travers la promotion de la gouvernance, de la démocratie et de la paix, même s'il n'est pas encore un modèle d'excellence. Le Nigéria, comme l'Afrique du Sud, est un pays anglophone, un ancien protectorat de la Couronne d'Angleterre, et un membre actif de la plate-forme du Commonwealth. Comme l'Afrique du Sud, le Nigéria entretient des relations excellentes avec l'administration américaine car il est le premier producteur de pétrole en Afrique, avec une production de 2,6 millions de barils par jour. En outre, le Nigéria a la plus grande armée d'Afrique. Il est donc militairement très puissant; en tout cas assez pour influencer les pays satellites ou les États voisins. En outre, avec une population de plus de 130 millions d'habitants, le Nigéria a l'avantage de contenir, à lui seul, près de 15 % de la population totale de l'Afrique. Cela constitue un facteur humain important et une ressource supplémentaire pour la croissance du Nigéria. Le leadership du Nigéria a connu son apogée avec le président Obasanjo qui, tout au long de ses mandats, s'est imposé en réaffirmant la suprématie du Nigéria en Afrique de l'Ouest et en défendant les valeurs de démocratie et de bonne gouvernance. En effet, le Nigéria est fortement impliqué dans la résolution des conflits dans la région grâce à ses contributions financières et humaines aux forces de maintien de la paix. Par exemple, le Nigéria a consacré 1 million de dollars US par jour pendant plusieurs années pour la Mission de paix de la Communauté économique de l'Afrique de l'Ouest Monitoring Group (ECOMOG) en Sierra Léone. Le Nigéria a également contribué à résoudre la crise libérienne et s'est également engagé à trouver une solution à la crise en Côte d'Ivoire. Le coût de ses interventions pèse trop sur le budget national, et le Président est confronté à une vive opposition dans

---

transport pour intégrer physiquement l'Afrique ; (d) développement de la production industrielle ; et (e) développement du tourisme.

son pays. Puisque le Président Obasanjo n'était pas prêt à abandonner le rôle avant-gardiste du Nigéria en Afrique occidentale à cause des avantages économiques (fournitures en pétrole brut et en pétrole raffiné à presque tous les pays de la côte Ouest), il est devenu impératif de rechercher des aides extérieures, essentiellement le soutien du continent. Obasanjo a finalement persuadé l'UA de devenir la principale institution de règlement des conflits en Afrique.

3. La Libye et les États-Unis d'Afrique

La Libye est une puissance économique évidente en Afrique avec son grand potentiel de pétrole brut et ses importantes réserves de gaz. En 2004, le pays a été classé 58ème sur les 100 premiers pays dans le rapport sur le développement humain du Programme des Nations Unies pour le développement (PNUD)[42]. En outre, la Libye a le per capita le plus élevé par habitant en Afrique - 6700 dollars US – pour environ 6 millions d'habitants. La Libye avait été pendant de nombreuses années isolée de la scène internationale en raison de l'embargo de l'ONU. Son controversé, mais bien-aimé leader en Afrique Mouammar Kadhafi était dans le besoin de revenir dans l'arène de la politique internationale et a vu dans l'organisation continentale une occasion unique de réaliser son rêve (Tieku, 2004, 260). C'est la raison pour laquelle il a alors décidé de souscrire, à sa manière, à l'idée de la Renaissance africaine et de la paix continentale de Mbeki et d'Obasanjo. Le Nigéria et l'Afrique du Sud se sont félicités de l'implication de la Libye parce que cette dernière offrait une bonne occasion de réformer l'OUA tout en reflétant leurs objectifs de politique étrangère sans avoir à faire face aux coûts énormes liés à l'organisation des sommets extraordinaires. L'intérêt premier de la Libye n'est ni commerciale, ni lié à la sécurité. Il est plutôt politique. Le

---

[42] Excepté la Libye et la Tunisie classées respectivement 58ème et 92ème, aucun autre pays africain ne fait partie des 100 premiers pays en matière d'Indicateur de Développement Humain.

plan proposé par le colonel Kadhafi à ses « frères » est plus large. C'est un plan continental et international. En lançant l'idée des États-Unis d'Afrique en 1999 à Syrte, le frère Guide de la Révolution a ravivé l'idéologie du panafricanisme et a rendu un hommage moral aux pères fondateurs de l'unité africaine. En effet, le principal objectif de la Libye est la création des États-Unis d'Afrique avec un gouvernement supranational nouveau, une présidence continentale d'une durée de cinq ans, une seule force militaire, un passeport commun africain et une monnaie commune africaine. Pour atteindre ce résultat, la Libye n'a pas hésité à investir plusieurs milliards de dollars des revenus provenant de la vente de son pétrole brut. Malheureusement, le projet libyen n'a pas obtenu suffisamment le soutien et l'adhésion des chefs d'État africains qui ne sont pas encore prêts à transformer leurs territoires en provinces. Bien que le Nigéria et l'Afrique du Sud soient fortement impliqués dans le programme du NEPAD, le leader de la Grande Jamahiriya voit dans la promesse de financement de la communauté internationale une autre illusion pour endormir les Africains et saper le nouveau départ. Jusqu'à présent, l'histoire lui a donné raison car aucun centime n'a encore été injecté par les donateurs dans ce projet.

4. L'utilisation stratégique des institutions

La conséquence directe de la vision divergente des cadres nationaux est la bipolarisation des préférences d'intégration des Africains. Tandis qu'il y a un groupe conduit par la Libye, plaidant pour une intégration politique plus poussée et un gouvernement supranational, un autre groupe guidé par des intérêts économiques insiste sur le renforcement des organisations régionales et des négociations intergouvernementales. Cette bipolarisation de l'organisation très souvent extériorisée par des disputes et non par de véritables débats d'idées est préjudiciable pour l'intégration. La conséquence en est l'absence de stratégies cohérentes et de politiques réalistes pour atteindre les résultats. Ceux qui prônent une intégration plus économique à travers les organisations sous-régionales font valoir que l'idée d'une fédération des États en Afrique est utopique et irréalisable. En riposte, les fédéralistes les accusent de ne pas réaliser des résultats tangibles et d'être à la base du retard de l'Afrique depuis que le processus de régionalisation a été lancé en 1980 avec le traité d'Abuja. Le nouvel AC porte les effets d'après de ces divergences idéologiques, puisque les meilleures dispositions que les États membres pouvaient avoir consistaient à se mettre d'accord sur le plus petit dénominateur commun. Le manque d'autorité de la Commission, l'inefficacité du PPA et l'absence de la CAJ illustrent bien l'ampleur de la lutte interne non encore résolue qui entraîne inéluctablement une impasse sur de nombreuses questions fondamentales. Cette situation va perdurer aussi longtemps que les dirigeants africains ne trouveront pas une nouvelle plate-forme pour résoudre leurs différends et harmoniser leurs préférences. Outre le sommet annuel qui se tient une fois par an (session ordinaire), il n'y a pas d'importantes occasions d'échanges entre les chefs d'État. Le coût du sommet rend impossibles de fréquentes réunions au niveau continental. En outre, l'absence d'une structure de coordination et de médiation entrave l'évolution des positions des États membres ; positions gelées pendant un long moment par des conflits et des crises tous azimuts. Les institutions de l'UA en particulier et l'ensemble du processus d'intégration en général souffrent de la position rigide des États membres puissants. Le VMQ est une étape importante du processus décisionnel, mais il ne suffit pas encore à imprimer une dynamique soutenue à un processus déjà lent. En fait, les États forts pourraient décider de ne pas exécuter les décisions une fois qu'ils auront été mis en minorité. Plusieurs États membres ne sont pas encore prêts à renoncer à leur souveraineté pour la bonne cause et hésitent donc à engager des politiques audacieuses allant dans le sens de la communauté et de l'intérêt général. La Commission n'est pas autorisée à initier et à arrêter son agenda. Elle n'est pas autorisée à suivre la mise en œuvre et l'application des politiques, et à assurer le respect par tous les États membres. Le développement futur des institutions dépendra fortement de la manière dont les règles et procédures futures seront conçues.

En conclusion, on peut retenir les points suivants :

- Les différences fondamentales des préférences des États membres en matière d'intégration favorisent la montée de l'intergouvernementalisme au détriment du supranationalisme ;
- Les préférences des États membres affectent gravement les institutions de l'UA à cause de l'impasse créée sur de nombreuses questions pourtant essentielles ;
- La préparation et l'exécution des sommets sont donc très sensibles en raison des affrontements et des aménagements adaptés aux intérêts des grandes puissances ;
- La Commission est impuissante puisqu'elle ne peut coordonner les vues des États membres, encore moins dégager une ligne de conduite claire. Ni l'Assemblée ni le Conseil exécutif n'arrivent à dégager de consensus.

C. Autonomie

L'autonomie des institutions est sans aucun doute un élément de mesure de l'efficacité et de la performance des institutions. Le point de départ de l'analyse est le suivant : les institutions de l'UA, notamment la Commission de l'UA devraient être autonomes si elles veulent jouer un rôle prépondérant et donner une orientation ferme au processus d'intégration. La Commission, particulièrement, doit être suffisamment autonome pour ne pas être influencée par les gouvernements nationaux et d'autres acteurs puissants. L'autonomie est également nécessaire pour protéger et préserver les intérêts des petits États. Étant donné que l'UA est censée être dans un système de gouvernance à plusieurs niveaux, chaque institution, notamment la Commission, le PPA et la CAJ doivent jouir d'une indépendance juridique, organisationnelle, et financière vis-à-vis des États.

1. L'autonomie juridique ou légale

La précédente analyse a déjà traité de quelques éléments qui limitent le rôle constitutionnel des institutions de l'UA, notamment la Commission qui devrait être le « moteur »[43] de l'intégration. L'échec de l'AC à doter la Commission d'un minimum de pouvoir - tel que le droit d'engager des politiques et de prescrire les fonctions du Président – encourage la prééminence de l'acteur national. La Commission est très limitée dans son rôle de coordination ; son autonomie réelle est discutable. Par ailleurs, son mandat exécutif a été délibérément limité par des considérations politiques. Étant donné que la marge de manœuvre de la Commission est limitée, sa capacité à insuffler une nouvelle dynamique est gravement compromise, malgré le nouveau schéma institutionnel de l'organisation. En fait, la Commission est considérée comme un simple secrétariat de l'Union et le Président de la Commission comme le secrétaire des chefs d'État et de gouvernement. La Commission est comparable à une marionnette aux mains des exécutifs nationaux qui initient, mettent en œuvre, et bien évidemment influencent toutes les décisions. En plus de la restriction légale, son mandat exécutif a été délibérément limité par des considérations politiques. La Commission ne peut pas représenter les États membres de l'UA dans les négociations internationales, par exemple à l'Organisation Mondiale du Commerce (OMC). Par conséquent, elle n'arrive pas à jouer un rôle central dans les négociations continentales et internationales sur les questions sensibles liées au Commerce. La capacité de l'UE à parler d'une seule voix lors des réunions de haut niveau est due au pouvoir délégué par les États membres à la Commission de l'UE. En outre, la Commission de l'UA est très passive sur un certain nombre de points tels que le

---

[43] La Commission (européenne) fut initialement désignée par les pères fondateurs pour être le « moteur » de l'Europe et elle a pleinement joué ce rôle. Au sein de l'UE, le pouvoir et les fonctions de la Commission peuvent être regroupés en six points : initiateur de la politique, facilitateur législatif, rôles exécutifs, gardien des textes, médiateur et casseur, et représentant extérieur et négociateur (Peterson and Shackleton 2006, 152)

développement du projet du NEPAD qui est pourtant un point important dans l'agenda de l'UA. Il est difficile d'accepter que la Commission n'ait aucun contrôle sur le progrès du NEPAD qui est mené par un comité de quatre présidents (Algérie, Nigéria, Afrique du Sud et Sénégal). Un autre point et pas des moindres, est l'autonomie financière.

2. Autonomie financière

Ce n'est nullement une exagération d'affirmer que le financement de l'organisation est aujourd'hui la question la plus importante du processus d'intégration. Le financement des activités et des programmes de l'UA mérite donc une attention particulière. Au cours du mandat de l'OUA, le manque de fonds a été stigmatisé comme étant la source première de l'inefficacité de l'organisation. Chose curieuse, le financement de l'Union n'est pas expressément prévu dans la Loi. La seule référence aux finances est l'article 3 (2) (o) du projet de statuts de la Commission qui octroie à la Commission le pouvoir de « mobiliser des ressources et de concevoir des stratégies appropriées pour l'autofinancement, les activités génératrices de revenus et l'investissement pour l'Union ». Le budget de l'UA est tributaire des contributions des États membres et des pays donateurs. L'UA ne dispose pas de sources autonomes de revenus, ce qui constitue un handicap pour les activités de la Commission dont le budget dépend en grande partie de la « bonté » des États membres. Actuellement, l'organisation est dans le rouge, parce que de nombreux pays n'arrivent plus à s'acquitter de leurs contributions.

Le non paiement de la contribution est un enjeu de poids pour l'Union. Il oblige le Président de la Commission et son personnel à passer la plupart de leur temps à rechercher des financements et implorer des fonds complémentaires auprès des donateurs extérieurs. En 2004, l'UA a calculé qu'elle aurait besoin de 1,7 milliards de dollars US pour se transformer en une institution efficace (Commission de l'UA, 2004). Le budget actuel de l'UA qui s'élève à 70 millions de dollars US est à peine suffisant pour couvrir les frais d'exploitation. Couvrant la moitié du nombre d'habitants en Afrique, le budget annuel de l'UE est de 120 milliards de dollars, équivalant à 1,2 % de la production nationale de ses 27 États membres. Par ailleurs, au moins une douzaine des pays membres en Afrique n'assument pas leurs engagements financiers. Heureusement qu'une initiative commune au sommet d'Abuja en juillet 2005, de l'Afrique du Sud, l'Egypte, la Libye, l'Algérie et du Nigéria a vu le jour pour assurer une partie importante du financement de l'organisation. En effet, les cinq (5) « superpuissances » africaines ont décidé de se charger de 75 % du budget de fonctionnement de l'UA, à raison de 15 % chacune. Finalement, le manque de fonds a des répercussions graves sur l'organisation entière et met en péril tous les projets prometteurs rentrant dans le cadre de la performance des organes et de l'accélération de l'intégration. Par exemple, l'UA travaille en sous-effectif à tel point que le taux actuel de couverture du personnel n'est que de 52 %.[44]

En conclusion, il convient de retenir que :

- La Commission de l'UA n'est ni juridiquement habilitée, ni financièrement équipée ;
- L'UA est confrontée à une crise financière réelle qui peut compromettre sa structure et son projet ambitieux ;
- La contribution des fonds est asymétrique. Seuls 5 des 53 États (soit 10 % des États membres), procurent les 75 % du budget de l'UA. En guise de comparaison, à l'UE, 7 sur 27 États (soit 25 % des États membres), s'engagent à hauteur de 80 % du budget de l'U.E. (Europa World 2007).

---

[44] Voir Figure 4.

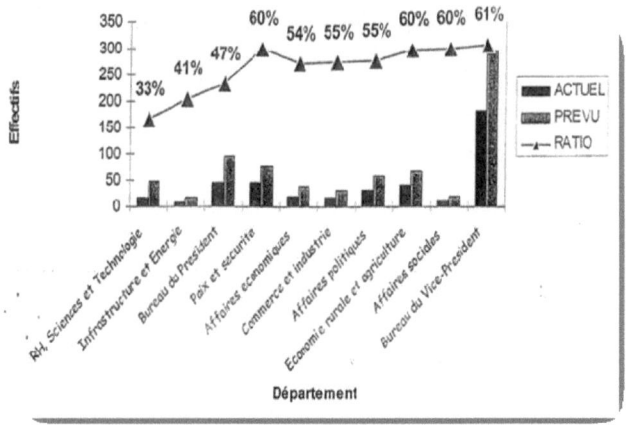

Fig.4. : Taux de couverture du staff de l'U.A
Source: Commission de l'U.A, Mai 2004. Volume 4.

D. Contexte institutionnel

Un problème évident, parmi tant d'autres, de l'ex OUA et de l'UA d'aujourd'hui est le nombre d'États membres. Une organisation de 53 États membres est trop grande, trop large et trop diverse pour être en mesure de répondre à nombre de besoins et d'attentes de chaque État pris individuellement. Dans la pratique, que ce soit au niveau continental ou dans l'arène internationale, beaucoup de politiques africaines sont donc menées dans un cadre plus gérable de groupes d'États voisins qui ont des affinités réciproques. Le grand continent a été facilement divisé en grandes régions dont les États membres avaient au moins un élément d'identité commun, malgré la délimitation arbitraire des territoires.[45] Il s'agit des regroupements régionaux.

Ces regroupements régionaux sont censés mener vers une intégration continentale plus large. Quand on se pose la

---

[45] Voir Figure 3 (Chapitre I).

question de savoir en quoi ils consistent, en fait, on peut arriver à deux différents types de réponses. Premièrement, les communautés régionales sont dédiées à la promotion de l'intégration économique entre leurs membres. Deuxièmement, les communautés régionales sont conçues pour promouvoir la sécurité dans les régions. Aujourd'hui, le constat est amer. Après des décennies de pratiques régionales, les résultats sont mitigés. Que constatons-nous ? En effet, le continent est ravagé par de nombreuses crises et des conflits permanents au Nord (question du Sahara occidental), au Sud (Zimbabwe, Angola…), à l'ouest (Côte d'Ivoire…), à l'Est (Somalie…), et au Centre (la région des Grands Lacs). Economiquement, l'Afrique abrite certains pays des plus pauvres au monde. Elle est le continent où la pauvreté est la plus répandue dans le monde. La « Commission pour l'Afrique », publiée par l'ex Premier ministre Britannique Tony Blair au début de 2005, a confirmé l'analyse ci-dessus sur l'étendue de la pauvreté dans le continent (Williams, 2005). Néanmoins, malgré les chiffres peu encourageants, les diverses expériences institutionnelles venant des conceptions régionales variées sont assez solides pour créer des incitations suffisantes vers davantage d'intégration. Ces expériences ont totalement façonné les préférences des États à tel point qu'ils se sont tous engagés dans les politiques commerciales de l'intégration économique. Il est vrai, qu'aujourd'hui, il serait certainement très difficile d'évaluer au cas par cas l'impact de ces organisations régionales sur les préférences des États membres, car leur avancée est faible. En outre, il serait également difficile de mesurer leurs impacts sur le processus de prise de décision au niveau continental. Un examen de la performance des organisations régionales révèle les modèles enchevêtrés de résultats limités, de minces réalisations, de faibles innovations et de régression en bon nombre de points. Toutefois, ce qui enchante est que ces réalisations - bien qu'elles soient peu nombreuses, ajoutées à l'évolution rapide de l'environnement commercial international qui place l'Afrique dans une position de faiblesse (l'Afrique revendique seulement 2 % du commerce international) - ont transformé la coopération africaine d'une nécessité régionale en un impératif continental comme en témoigne l'UA. La question inhérente consiste à savoir comment les dirigeants africains réussiront à établir au niveau continental ce qu'ils ont échoué à promouvoir au sein de leurs régions et sous-régions. Il n'y a pas encore de réponse qui satisfasse à cette question. Il y a seulement une certitude qui tient au fait que les pays africains ne peuvent pas survivre indépendamment, simplement parce qu'à l'échelle mondiale ils sont trop minuscules pour s'en sortir économiquement. Heureusement, chaque pays est conscient de cette situation, d'où la nécessité de surmonter les obstacles actuels par l'intégration pour atteindre la prospérité.

Sans entrer dans les détails, l'hypothèse analytique de cette étude consiste à prouver que le contexte institutionnel compte dans le façonnement des préférences et des intérêts des États membres. Autrement dit, l'échec des organisations régionales ou les progrès relatifs des autres organisations régionales ont contraint les pays africains à rechercher un nouveau projet continental approprié visant à accélérer le processus d'intégration. Ils ont trouvé dans l'UA un modèle attractif et cohérent pour renforcer leurs engagements antérieurs régionaux. Il a déjà été fait mention, lors de l'analyse des préférences, comment certains pays comme le Nigéria et l'Afrique du Sud, en raison d'impératifs essentiellement régionaux des États membres, ont appuyé l'émergence de l'UA en cours. En d'autres termes, les précédentes politiques régionales adoptées et leurs développements subséquents ont pressé les pays à s'engager et à engager leurs ressources pour un nouveau regroupement continental. Bien que les résultats de ces actions soient difficiles à évaluer parce que l'UA est encore en développement, on peut supposer que, dès que toutes les institutions seront établies, il sera possible d'envisager un changement sans précédent du cours de la politique de tous les États membres. Aujourd'hui, il y a beaucoup d'éléments pour supporter cet argument. Le premier élément réside dans la vision de l'UA dont l'un des objectifs est de promouvoir les principes et les institutions démocratiques, la participation populaire et la bonne gouvernance (article 3 (g) de l'AC). La promotion et la protection des droits de l'homme et des droits civils conformément aux instruments pertinents des droits de l'homme sont au cœur de l'U.A. Il y a plusieurs dispositions qui confèrent à l'UA des pouvoirs d'intervention. Toutefois, on retourne à la question de l'efficacité de tous les traités de l'UA et à la diffusion du pouvoir de façon équilibrée entre les institutions, qui sont les conditions préalables avant d'espérer un éventuel changement d'attitude des États membres. Par exemple, lorsque la CAJ sera établie avec toutes ses prérogatives pour interpréter les lois et pour veiller à leur conformité, on devrait probablement constater une diminution de l'ampleur des crises politiques à travers le continent. Les sanctions adéquates vont obliger certains États autoritaires comme la Guinée et le Zimbabwe à changer leur conception de la démocratie et des droits de l'homme. Les sanctions de l'UA devraient donner l'exemple car initiées, exécutées et respectées par tous les États membres par le seul fait de l'existence d'une véritable CAJ. Par ailleurs, le Parlement de l'Afrique pourrait jouer un rôle essentiel en mettant la pression sur les exécutifs nationaux à se conformer aux décisions.

E. Identité

L'identité est un concept complexe qui lie de nombreux éléments tels que la religion, la langue, les valeurs, les croyances, le mode de pensée, le mode d'organisation, etc. Tout cela rend la question relative à l'identité l'une des plus épineuses et importantes à résoudre dans la quête de l'intégration partout où elle a lieu. Depuis la création de l'UE, la question de l'identité est devenue importante, et avec l'élargissement, elle est même devenue problématique. En Afrique, la question de l'identité est presque exclue des débats alors qu'elle constitue selon les institutionnalistes sociologiques [46], un facteur essentiel d'intégration. Dans le paragraphe relatif au background des États africains

---

[46] Lire Chapitre II.

modernes,[47] a été souligné le rôle joué par les superpuissances dans la division du continent. Le pouvoir colonial a divisé les groupes homogènes et a uni ceux qui étaient hétérogènes afin de satisfaire ses intérêts égoïstes. Le forfait réalisé il y a plus d'un siècle a eu un impact énorme sur le style de vie des peuples africains. Il est généralement admis qu'aucun peuple ne pourrait se développer en portant le masque d'autrui. Beaucoup de gens voient dans cette acculturation la cause du sous-développement du continent qui a été privé de ses langues traditionnelles, de ses religions et de ses coutumes ancestrales au profit de celles de la culture occidentale. Ce genre d'opinions répandues consiste à jeter le blâme sur les puissances occidentales dont pourtant les prêts et aides sont jusqu'aujourd'hui acceptés avec diligence. Même si beaucoup de personnes tentent de ranimer le débat sur l'identité culturelle, il faut reconnaître qu'il est vieux et obsolète car, quelles que soient les différences culturelles existantes entre les pays, il y a un certain nombre de valeurs communes à partager. Ces valeurs modernes de bon sens ont constitué les fondements de grands ensembles régionaux comme l'UE et l'Asean. Ces valeurs sont transversales et universelles. Elles ne sont la propriété d'aucune race ni d'aucun peuple. Ces valeurs sont concomitantes à l'évolution naturelle de l'espèce humaine et de son mode d'organisation. Ces valeurs constituent les langues d'aujourd'hui et vont probablement aboutir à davantage de sens dans un futur très proche. Ces valeurs se retrouvent dans tous les domaines de l'activité de l'espèce humaine: politique, économie, culture, sports, arts, etc. C'est sur ces valeurs qu'il faudrait insister pour analyser l'élément « identité ». Ainsi, la démocratie, la bonne gouvernance et la solidarité constituent le nouveau standard ainsi que le modèle universel de formation de l'identité collective des peuples et des nations. L'hypothèse analytique est que les États africains pris individuellement devraient partager ces valeurs avant d'espérer parvenir à un résultat positif de portée mondiale. Le partage de ces valeurs peut rendre plus aisée la construction de ponts entre les autres éléments de la

---

[47] Lire Chapitre I.

culture précédemment cités pêle-mêle. Dans les paragraphes qui suivent, seront examinés les éléments constitutifs de cette identité africaine. Autrement dit, quelles sont les avancées de l'Afrique en termes de culture démocratique, de bonne gouvernance et de solidarité, et comment cette nouvelle identité influence le processus d'intégration.

1. À quoi tient l'identité africaine ?

L'histoire de l'Afrique est constituée de la traite négrière, du colonialisme, des coups d'État militaires, des conflits, des maladies, de la famine, de génocide et de sous-développement ; à tel point qu'on en oublie que le continent est le berceau de l'humanité et de la civilisation. L'Afrique est le continent le plus riche au monde et il souffre encore de ce que McEwan et Sutcliffe ont appelé un « embarras de richesse » (McEwan 1965, 407).

Les stéréotypes négatifs du passé et la misère en cours sur le continent ont eu un impact énorme dans la formation de la matrice socioculturelle moderne des Africains. L'organisation sociale de l'Africain est une copie de l'organisation sociale de l'homme blanc. Elle a été empruntée au mode de vie des anciens maîtres, des dirigeants coloniaux dont la méthode de gouvernance a aliéné la culture et les traditions africaines. Les Africains ne peuvent ni prétendre à l'usage officiel de leurs langues traditionnelles, encore moins peuvent-ils être fiers d'un système éducatif basé sur leurs valeurs. Le fait que de plus en plus d'Africains soient aujourd'hui en quête d'éducation et d'enseignement dans des universités occidentales signifie que les élites de l'Afrique sont scolarisées hors de leur contexte culturel. Le constat de P.E. Mitchell révèle la dimension de cette aliénation : « Aussi regrettable que cela soit, aucun directeur en Ouganda ne peut résister à la demande d'employés de bureau, de menuisiers, de cordonniers, ou d'un quelconque autre - formés dans les méthodes européennes pour répondre aux besoins européens. Ces hommes n'ont pas été formés pour s'intégrer dans n'importe quel endroit dans la vie de leur propre peuple, mais pour répondre aux besoins économiques d'une race étrangère » (Ankomah et Bazid 2003, 15). Aujourd'hui, les images de jeunes Noirs ou Maghrébins traversant les océans en quête d'aventure et d'un avenir meilleur sont largement diffusées sur des chaînes locales et internationales. Le fait est que ces jeunes émigrés ne croient plus en leurs représentants politiques, leur administration, leurs institutions et leur culture - s'il y en a une. Une fois à l'étranger, ils modifient complètement leur manière de penser et de s'exprimer. D'autre part, ils ne peuvent prétendre à part entière à une appartenance et à une intégration d'une autre culture ou d'une race, car ils portent un élément distinctif de leur origine, la couleur sombre de leur peau. La « négritude »[48] a été un élément distinctif important, de l'identité des Africains noirs – pour les natifs ainsi que pour la communauté de la diaspora. La Négritude a été célébrée par des personnalités littéraires africaines telles qu'Aimé Césaire, Léopold Sédar Senghor, ainsi que par des figures politiques, Kwame Nkrumah, Sekou Touré,[49] et Mouammar Kadhafi. La négritude est devenue la principale racine de la Conférence panafricaniste et le réservoir culturel de l'intégration africaine. Bien qu'elle représente une reconnaissance d'une appartenance commune à l'histoire, cela ne compte pas beaucoup car elle a omis de porter une promesse d'unité et de solidarité sur le continent. Elle a manqué de lier culturellement et politiquement les Africains, où qu'ils soient dans le monde. Au contraire, elle a apporté l'égoïsme et le nationalisme politique, qui ont divisé le continent en plusieurs sous-groupes liés aux nouvelles superpuissances modernes (États-Unis, Europe, Chine et Inde). Compte tenu de ce qui est mentionné ci-dessus, l'identité africaine aujourd'hui n'est pas facile à définir. Cette définition

---

[48] La Négritude est un mouvement littéraire et politique développé dans les années 1930 par un groupe composé par l'ex-Président sénégalais Léopold Sédar Senghor, le poète martiniquais Aimé Césaire et le Guyanais Léon Damas. Les écrivains de la Négritude ont trouvé la solidarité dans une identité 'noire' commune symbolisant un rejet du racisme colonial français. Ils croyaient que l'héritage 'noir' partagé par les membres de la diaspora africaine était le meilleur outil dans la lutte contre l'hégémonie politique et intellectuelle française et la domination (Wikipédia).
[49] Père de l'indépendance et ancien Président de la Guinée-Conakry.

ne devrait pas être une priorité. Il n'y a pas assez de temps et aussi aucun besoin urgent ne requiert de s'impliquer dans des travaux laborieux consistant à repensée l'État-nation à travers une culture de la restitution comme de nombreux érudits africains l'envisagent (Davidson 1994, 262). Dans une ère de réformes politiques, économiques et même de mondialisation sociale, le moment est venu de construire sur de nouvelles valeurs spirituelles et morales, de nouveaux modes de penser et d'organisation, tout en maintenant l'identité de chaque race ; et c'est ce à quoi appelle l'intégration culturelle. C'est la seule façon utile de couper court à tous ces débats et de répondre fièrement et courageusement aux exigences du 21ème siècle.

2. Le bilan de l'Afrique en matière de culture démocratique

Le bilan de la culture démocratique en Afrique est très pauvre. L'histoire de l'Afrique en ce qui concerne l'exercice du pouvoir est faite de tribus monarchiques, de régimes autoritaires, de néo-patrimonialisme, de clientélisme, d'institutions antidémocratiques et de nombreuses violations des droits de l'homme. Dès les années 70, une décennie après les indépendances, une succession de coups d'État militaires avait paralysé le continent, ce qui a compromis de facto les institutions démocratiques fragiles héritées de la colonisation. On pouvait compter à l'époque, depuis les indépendances jusqu'à l'an 1990, pas moins de 86 coups d'État militaires sur le continent (Thomson 2000, 124). Deux événements récents ont attiré l'attention une fois encore sur la démocratie en Afrique. Le premier a été l'arrestation et la détention arbitraires du chef de l'opposition politique au Zimbabwe, Morgan Tsvangirai, par la police loyaliste du Président Robert Mugabe. Le second a été la contestation sociale énorme et générale de la foule, suivie de trois mois de paralysie de l'administration en Guinée-Conakry. Le Président Conté en Guinée, l'un des « dinosaures » de la politique africaine, a imposé un régime autoritaire à son peuple pendant 23 ans, de 1984 à maintenant. Face à ces crises, il n'y a pas eu une seule condamnation verbale de l'UA et des chefs d'État africains. Plutôt, le Président Mugabe, le 30 mars 2007, une semaine après l'emprisonnement et l'assassinat moral de ses adversaires politiques, fut l'hôte de ses pairs Présidents, qu'il appelait ses « frères », à la réunion annuelle des chefs d'État de la SADC. Ces deux cas récents sont assez importants à mentionner, car ils mettent en lumière les graves distorsions du processus de démocratisation en cours en Afrique. Ces faits mentionnés en Guinée et au Zimbabwe soulèvent la question de savoir si la démocratie en Afrique est en cours de consolidation ou d'effritement avec la bénédiction des chefs d'État et de gouvernement. Pourtant, de nombreux chefs d'État ont été élus démocratiquement. En outre, ces présidents démocratiquement élus insistent dans les discours sur la nécessité d'un changement démocratique en Afrique, mais la réalité est tout autre. La période 1989-94 a été indéniablement un grand espoir avec la généralisation des changements radicaux de régimes politiques. La plupart des pays africains s'éloignèrent de systèmes de parti unique au profit du multipartisme politique. La quasi-majorité des élections et des changements ultérieurs au cours de cette période s'est déroulée pacifiquement et sans heurts majeurs. En 1994, la transition démocratique réussie a eu lieu dans 16 pays, alors que la transition quasi-réussie avait eu lieu dans 12 autres. Dans seulement 14 pays, la transition a été bloquée ou impossible (Bratton et Van de Walle 1997, 120). Aujourd'hui, le continent est probablement le seul dans lequel on peut compter un nombre considérable de régimes non démocratiques et autoritaires. En outre, la démocratie est rarement allée de pair avec les institutions démocratiques car, pour la quasi-majorité des Africains, « démocratie » signifie simplement « élection » ou « alternance » des partis politiques rivaux au pouvoir. Il n'y a pas de règle de droit ou d'institutions fortes qui puissent préserver la liberté, la vie, l'indépendance et la propriété des peuples, comme en démocratie occidentale. Il est évident que l'Afrique aurait besoin de beaucoup de temps pour mettre en place des institutions effectives et efficaces. Il a pris aux États-Unis et aux pays d'Europe quelques siècles après leur indépendance pour construire leur démocratie et leurs institutions démocratiques. Il devient de plus en plus évident que le modèle des institutions démocratiques occidentales aura du mal à cohabiter avec celui des institutions démocratiques africaines qui se façonnent et se développent à l'intérieur de la « matrice socioculturelle africaine ». Dans une certaine mesure, l'opinion de Patrick Charbal, qui pense que la résolution du problème de la démocratie en Afrique revient à résoudre l'épineuse question du néo-patrimonialisme dans la culture africaine mérite d'être partagée. Au lieu de faire des efforts pour acquérir la vertu de « l'orthodoxie démocratique » qui a montré ses limites en Afrique pour avoir omis d'apporter la paix et la prospérité, il suggère de mettre l'accent sur la responsabilité politique (Charbal, 1998).

3. L'expérience de l'Afrique en matière de bonne gouvernance

Il existe une forte corrélation ou un lien solide entre la démocratie et la bonne gouvernance. Quant à la corrélation entre démocratie et développement, le débat continue et les arguments sont aussi nombreux que controversés. Selon de nombreux experts, la démocratie mène au développement. Si cette hypothèse est exacte, la question est simple, pourquoi la démocratie n'a-t-elle pas conduit l'Afrique au développement ? Patrick Charbal, une fois de plus, propose de répondre à cette question en soulignant la gouvernance comme le trait d'union manquant entre la démocratie et le développement. Il mentionne : « La démocratie devrait réduire les possibilités de conflit et favoriser l'émergence d'un bon gouvernement, plus crédible. À son tour, un bon gouvernement devrait lui apporter la stabilité politique, la consolidation des institutions et le fonctionnement de l'État de droit qui sont universellement considérés comme le cadre nécessaire à l'investissement. Un plus grand investissement devrait faciliter la croissance économique. La croissance fournit la fondation pour le développement ». Et il poursuit « Ce qui s'est passé en Afrique durant la dernière décennie, cependant, est en contradiction avec un tel scénario » (Charbal 2002, 447). Il est vrai que la bonne gouvernance est le chaînon manquant dans le processus de modernisation de l'Afrique. La compréhension de la gestion publique par le biais de la logique du Néo-patrimonialisme[50] est une grosse erreur et un obstacle pour la plupart des États africains. Si la forme des systèmes politiques au sommet a changé (parti unique au multipartisme), au fond - sur le niveau de la gestion publique - elle a été stagnante. Ceci est dû à beaucoup d'éléments tels que le manque de compétences, le manque de mécanismes de responsabilisation, le manque de règles et de procédures, ainsi que la réticence des citoyens à appliquer des pratiques de bonne gouvernance dans leur vie quotidienne. Ce dernier point semble être contradictoire avec la logique de la démocratie et de la bonne gouvernance, car le citoyen a été le premier acteur à la demande du changement dans la gestion des affaires publiques. Les citoyens hésitent maintenant envers la bonne gouvernance parce que leur mentalité ainsi que la mentalité de l'élite, a toujours été celle de la « politique du ventre ».

Le fait qu'on ne peut « manger », ni se « nourrir » de démocratie uniquement est une idée répandue en Afrique sub-saharienne. Cela relance le débat de savoir si la démocratie doit précéder le développement (cas en Afrique) ou si c'est le développement qui devrait précéder la démocratie comme l'on peut le remarquer dans les démocraties occidentales.

Face à ce maigre bilan de l'Afrique en matière de bonne gouvernance, de nombreuses solutions ont été adoptées ; solutions dont la plupart ont plutôt nui qu'aidé le continent. Certaines mesures drastiques, comme le fameux Programme d'Ajustement Structurel (PAS), ont été prises dans de nombreux pays sous la direction des Institutions de Bretton Woods.[51] Ces Institutions sont considérées par de nombreux Africains comme

---

[50] « Le patrimonialisme » est une relation patron-client. Il connote un patron culturellement ancré dans un ordre social et politique, accordant des dons de ses propres ressources sur les suiveurs (disciples) afin d'acquérir et de renforcer leur loyauté et leur soutien. Les Clients, à leur tour, obtiennent des avantages matériels et la protection. « Néo » signifie que les patrons sont généralement les titulaires d'un poste (fonction), dans une institution légale et nationale d'État, qui utilisent des fonds publics pour bâtir leur loyauté personnelle parmi les clients afin de rester au pouvoir (Engel et Olsen. 2005, 37).

[51] Généralement le FMI et la BM.

les instruments du néo-impérialisme, parce que leurs économies ont été empêtrées dans un cercle vicieux de la dépendance et de l'endettement. Oswald de Rivero [52], diplomate péruvien et ancien ambassadeur auprès des Nations Unies, exprime, dans un article publié par le New African Journal, l'inquiétude suivante : « Aujourd'hui, le Fonds Monétaire International (FMI) et la Banque mondiale (BM) ont acquis des pouvoirs supranationaux de dicter et de contrôler la politique économique des pays en développement ». Ailleurs, il poursuit : « En face de la grande puissance émergente de la nouvelle aristocratie transnationale et des politiques du clergé supranational incarnée par le FMI et la BM, le pouvoir des pays en voie de développement est marginal... Tous les pays sous-développés sont aujourd'hui à la merci de l'aristocratie transnationale et sont dominés par la doctrine... » (Ankomah et Bazid 2003, 14). Les inquiétudes de ce diplomate doivent nous amener à nous demander quel genre de bonne gouvernance est utile pour l'Afrique et surtout, pourquoi les États africains devraient se conformer à des Institutions dont la gouvernance devient de plus en plus problématique.[53] C'est un autre problème épineux, parce que refuser d'adapter les économies africaines à la norme de modèles internationaux entraînera automatiquement la suspension des aides au développement et des prêts. Subséquemment, par défaut d'attirer ces aides, la situation déjà critique sur tout le continent ne ferait que s'aggraver. C'est un grand dilemme que l'UA tente de résoudre au moyen de l'initiative du NEPAD.[54]

---

[52] Oswald de Rivero a eu 20 ans de connaissance profonde de la politique internationale.

[53] Un parmi les grands chapitres du scandale « pétrole contre nourriture » des Nations Unies impliquera la famille du Secrétaire Général, Kofi Annan, dont le fils Kojo Annan s'est avéré avoir reçu des paiements récemment aussi bien qu'en 2004 auprès d'un entrepreneur-clé de l'affaire pétrole-contre-nourriture (Rosett 2007). En outre, il y a deux semaines, le Président de la B.M, Paul Wolfowitz, a été reconnu coupable d'irrégularités graves après avoir augmenté, de façon inégale et arbitraire, le salaire de sa maîtresse, employée dans l'institution.

[54] Le NEPAD est un programme africain pour le développement de l'Afrique. Il est le résultat de la jonction du Partenariat du Millénaire pour le Programme

Le NEPAD est un programme de développement continental et stratégique initié par les dirigeants africains comme une action collective pour résoudre les problèmes économiques de l'Afrique (Ilorah 2004, 223). Le programme est censé augmenter le niveau de la bonne gouvernance en Afrique à travers le Mécanisme Africain d'Évaluation par les Pairs (MAEP), dans lequel les performances des gouvernements participant au programme sont évaluées sur la base d'un ensemble de critères spécifiques. L'esprit qui anime le MAEP est que les événements en Afrique ont montré que les dirigeants africains exploitent les climats de guerre et les conflits politiques dans leurs pays comme des alibis essentiels à la mauvaise gestion publique. L'exemple de la RDC (ex-Zaïre), sous le président Joseph Désiré Mobutu est flagrant et ce n'est pas le seul cas en Afrique. Étant donné que le NEPAD est une initiative des dirigeants africains, il y a des doutes légitimes sur la capacité de ces derniers à adhérer entièrement aux principes prescrits de bonne gouvernance, de démocratie et de droits de l'homme, une fois que le programme aurait démarré. Une préoccupation importante de l'UA est, par conséquent, comment tenir les dirigeants africains responsables devant leur peuple afin qu'ils n'outrepassent pas les bornes prescrites. Ainsi, le MAEP consiste à établir des normes politiques et économiques de gouvernance par lesquelles la performance des gouvernements africains peut être objectivement évaluée. Le NEPAD donne à la société civile et à la communauté internationale un rôle important dans le mécanisme du MAEP. Toutefois, la fixation de normes (par exemple, l'Acte de l'UA) est une chose, une autre est de renforcer les règles et les mécanismes prévus

---

de Redressement de l'Afrique (Millenium Partnership for the African Recovery Program - MAP) et du Plan OMEGA initié par l'OUA. La Nouvelle initiative africaine, qui est désormais officiellement dénommée NEPAD, a été approuvée par le Sommet de Lusaka, le 11 juillet 2001. Le partenariat est un engagement des dirigeants africains pour éradiquer la pauvreté et placer le continent africain sur la voie d'une croissance accélérée et d'un développement durable. Le fondement du NEPAD repose sur les Etats africains pratiquant la bonne gouvernance, la démocratie et les droits de l'homme. Il s'emploie aussi à prévenir et à résoudre les situations de conflit et d'instabilité sur le continent.

par les normes. Toutefois, si un changement doit venir de l'Afrique dans le mode de gouvernance, il se ferait certainement à partir du programme du NEPAD.

4. La solidarité en Afrique

Chercher à évaluer le niveau de solidarité en Afrique pourrait se résumer à se demander si, d'une part, les États africains sont des rivaux ou des alliés, et d'autre part, s'ils peuvent collectivement faire face aux menaces extérieures. En d'autres termes, les États africains forment-ils une communauté dans le vrai sens du terme ? Paradoxalement, les relations entre les États africains sont habillées de rhétorique sur la solidarité et l'unité, bien que les dirigeants africains soient incapables de réfléchir sérieusement sur un véritable programme d'une union continentale. En quoi consiste cette solidarité quand il y a des relations conflictuelles et tendues entre les États ? En quoi consiste la solidarité quand la paix est continuellement menacée ? Comment peut-on voir la solidarité là où un génocide est perpétré ? Ce sont là quelques questions troublantes qui méritent quelques réponses. La question de la solidarité est déterminante dans le processus d'intégration. L'intégration peut aussi se définir par la solidarité des peuples. Le cas de l'Europe est assez révélateur de cette solidarité ambiante entre les États de la Communauté qui se soutiennent mutuellement et font face ensemble aux principales crises et menaces. Les pays solidaires ne se comportent pas avidement l'un envers l'autre. Un exemple de cette avidité apparut pendant le conflit en RDC, où un certain nombre de pays voisins ont appuyé certains groupes rebelles qui contrôlaient une partie du territoire de la RDC. En retour, ces pays voisins avaient un avantage qui leur permettait d'extraire des quantités insoupçonnables de ressources minières du sol congolais, au détriment de la population en agonie.

Par ailleurs, la solidarité pourrait se mesurer aussi par la libre circulation des biens et des personnes, et surtout des travailleurs. On peut se rappeler l'histoire du « plombier polonais » qui a défrayé la chronique et a effrayé les Français et les Allemands au moment du dernier élargissement de l'UE qui devait inclure de nouveaux États de l'Europe centrale et de l'Est. En fait, cet élargissement n'a pas déséquilibré la population active de l'UE, il a plutôt permis le transfert de compétences et a favorisé les échanges. Les deux économies, française et allemande, s'en sont trouvées renforcées ; elles ont maintenu leurs suprématies en Europe. En Afrique, il est inconcevable qu'un Béninois puisse demander un visa pour aller en Guinée équatoriale, au Gabon, en Afrique du Sud. La CEDEAO est la seule région qui a réussi à ouvrir ses frontières internes, permettant la libre circulation des personnes dans le cadre d'un accord entre pays membres. En Afrique centrale et australe, il n'existe pas de tels efforts louables et c'est la région qui est de loin la plus agitée par des conflits et troubles politiques. Le fait que les États africains se soient engagés dans une rivalité a érodé leur solidarité. Néanmoins, il existe un espoir. Aujourd'hui, de nombreux pays africains sont handicapés par le poids des prix à la hausse des produits pétroliers, bien que le continent ait un potentiel énorme de production et de transformation du pétrole brut.[55] En effet, au cours des quatre dernières années, les prix élevés du pétrole ont créé un déséquilibre de la balance des paiements pour la grande majorité des pays africains qui sont des importateurs nets des produits dérivés. Cette situation a été examinée lors de l'Assemblée des chefs d'État et de gouvernement de l'UA, tenue à Syrte (Libye) les 4-5 juillet 2005. Une conclusion importante de cette assemblée fut de demander aux exportateurs nets de produits pétroliers en Afrique de fournir une certaine forme d'aide financière aux importateurs nets, comme une démonstration de « la solidarité intra-africaine ». Il a alors été proposé de mettre en place un fonds pétrolier, à travers lequel une telle aide financière pourrait être fournie. Depuis, de

---

[55] Les réserves estimées de pétrole brut en Afrique sont de 75,4 milliards de barils, soit 7 % des réserves mondiales. L'Afrique produit plus de 8 millions de barils de différents types de pétrole brut par jour. Les producteurs africains sont : le Nigéria, la Libye, l'Algérie, l'Égypte, l'Angola, le Gabon, l'Afrique du Sud, la Guinée équatoriale, le Congo, le Cameroun, la Tunisie, la RDC, le Soudan, la Côte d'Ivoire, le Tchad et la Mauritanie (Commission de l'UA, 2004).

nombreux pays ont accru leurs importations de pétrole à partir des producteurs africains et vice versa. C'est une étape inédite et sans précédent dans l'histoire des relations intra-africaines, un appel retentissant à la solidarité qui a été favorablement et positivement accueilli par les populations respectives. C'est un nouveau signal fort de solidarité qui aura un impact très certain sur les méthodes de coopération vieilles et surannées. C'est probablement une réponse collective à la mondialisation et de nombreux experts n'excluent pas un effet de « débordement » vers d'autres secteurs de l'intégration.

5. Le processus d'apprentissage et de socialisation au sein de l'UA

Considérant le bilan de l'Afrique en termes de culture démocratique, de bonne gouvernance et de solidarité, l'on peut supposer que la mise en œuvre d'un processus d'apprentissage et de socialisation au niveau institutionnel reste délicate. C'est d'ailleurs une des raisons parmi d'autres de la recrudescence de groupes régionaux et, par suite, de leurs échecs. Aussi longtemps que la question de l'identité n'aura pas été résolue, très peu de progrès peuvent résulter des regroupements divers. Il semble qu'au sein de l'UA, pas assez d'attention soit accordée à l'identité. Pourtant, il existe un processus d'apprentissage et de socialisation qui ne dit pas son nom en cours. Dans la documentation de l'UA, il existe un programme appelant à une transformation institutionnelle de la Commission.[56] Cependant, le programme accorde peu d'intérêt à l'identité ou à la culture, mais se concentre plutôt sur la transformation organisationnelle. Le programme vise à introduire certaines valeurs comme la responsabilité, le travail d'équipe, la transparence et l'efficacité. Il s'agit certainement d'une bonne démarche, mais pas assez importante pour façonner une nouvelle identité. Le processus d'apprentissage et de socialisation n'est pas seulement une question de la Commission. Ce devrait être un vaste programme

---

[56] Documentation de l'UA, Plan d'action 2004-2007. « Programme d'accélération de l'intégration du continent ». Volume 3.

qui englobe tous les acteurs des institutions de l'UA et tous les agents, notamment les fonctionnaires des États membres et les représentants des intérêts publics. L'inclusion des États membres dans ce processus est indispensable, car la plupart des responsables politiques, qui conçoivent et opérationnalisent les règles de l'UA et la législation, proviennent des États membres eux-mêmes. En fait, ce sont des gens qui passent la majorité de leur temps en tant que décideurs politiques nationaux, pour lesquels la dimension africaine devient un champ élargi d'élaboration de politique, et pas une activité distincte. En effet, la suprématie des cadres nationaux dans le modèle de l'UA signifie qu'une bonne partie, sinon la totalité, de la politique de l'UA est initiée, élaborée et finalement exécutée par les responsables politiques nationaux et des agents qui ne résident à aucun moment à Addis-Abeba.[57]

Selon les institutionnalistes sociologiques, puisque le processus d'apprentissage est avant tout individuel et aussi longtemps que les États membres agissent de façon peu rationnelle, les institutions doivent créer des interactions plus larges (les normes et les structures discursives), visant à façonner les comportements des individus et des préférences des États membres. Quant à la socialisation, les institutionnalistes dessinent le processus de la façon suivante. Premièrement, l'homme est un élément central: les individus bien placés avec des compétences entrepreneuriales peuvent souvent transformer leurs croyances individuelles en de plus larges conceptions partagées. Deuxièmement, ces personnes réussissent particulièrement à transformer les idées individuellement obtenues en des croyances normatives plus larges lorsque la possibilité leur est donnée lors d'une certaine ouverture des politiques. Troisièmement, le processus de socialisation, aussi bien que le processus d'apprentissage, est crucial pour favoriser la création de normes qui avait d'abord commencé par des acteurs individuels qui ont su exploiter l'ouverture politique ; d'où l'importance d'établir des mécanismes d'interaction. Rien n'est rigide, tout est en

---

[57] Capitale de l'Éthiopie et siège de l'UA.

mouvement. Plus il y a d'interaction, plus rapidement aussi se fera le changement. Pour ce qui concerne l'UA, formuler des normes dans un document volumineux est une chose, les diffuser et les appliquer en est encore une autre.

6. Conclusion

L'institutionnalisation de l'UA est au point mort parce qu'il y a une répartition inégale du pouvoir et de profondes divergences dans les préférences des États membres. Cette répartition inégale du pouvoir et les divergences de préférences constituent les caractéristiques fondamentales de l'organisation de l'UA. Aussi longtemps que ces caractéristiques seront maintenues telles quelles, les institutions seront inévitablement toujours contrôlées par les chefs d'État et les exécutifs nationaux qui les utiliseront stratégiquement pour leurs propres intérêts. De cette manière, on conçoit aisément qu'il ne peut y avoir d'autonomie des institutions, qu'elle soit juridique ou financière. En outre, il ne peut exister de véritable cadre institutionnel qui puisse en surgir. En d'autres termes, les institutions, puisqu'elles sont contrôlées par des cadres nationaux, ne peuvent devenir ni autonomes, encore moins peuvent-elles créer un contexte pour contenir les préférences des acteurs. En outre, l'identité politique de l'UA devient un enjeu en raison des divers et différents backgrounds politiques des gouvernements nationaux qui contrôlent son cours. Seule une Commission forte pourrait réaliser un équilibre juste et pourrait aussi répartir équitablement les coûts et les bénéfices engendrés par la négociation.

Bien que les bilans de l'Afrique en matière de culture démocratique, de bonne gouvernance et de solidarité soient médiocres, l'espoir est permis au regard des derniers changements politiques qui ont eu lieu sur le continent en 2006 et de la transformation sociale qui en découle. Les élections présidentielles démocratiques, libres et transparentes au Bénin et dans beaucoup d'autres pays comme le Sénégal et le Mali, l'élection pour la première fois dans l'histoire de l'Afrique d'une femme comme chef d'État au Libéria, la transition démocratique réussie en Mauritanie, la fin des conflits en Angola, en Sierra Leone, au Burundi et en Côte d'Ivoire sont des signaux suffisamment forts des nouvelles tendances de la politique locale africaine.

L'analyse a été faite dans le contexte de l'UA, bien que les éléments de l'analyse soient extraits du contexte de l'UE. Il n'y a pas de grandes différences dans la mesure où les institutions sont fondamentalement les mêmes, seul le contexte diffère. Mieux, les éléments du nouvel institutionnalisme ouvrent de larges perspectives et de nouveaux horizons pour l'analyse de l'intégration africaine sous plusieurs angles. Les nouveaux institutionnalistes, parce qu'ils ont eu affaire tout le temps à de solides institutions de l'UE et à la dynamique de l'intégration européenne, ont failli en ne découvrant pas un volet que cette analyse a dévoilé. En fait, après avoir analysé les 5 éléments, l'on peut conclure qu'en fait, il n'y a pas trois approches différentes du nouvel institutionnalisme, mais plutôt une seule et même approche. Prenant pour base le contexte de l'UA, un pont pourrait être bâti en joignant, aux éléments de l'institutionnalisme du choix rationnel, l'institutionnalisme historique et l'institutionnalisme sociologique. En d'autres termes, l'émergence d'une nouvelle « identité » collective et politique fondée sur une culture démocratique, les pratiques de bonne gouvernance et la solidarité à l'UA (d'abord à la Commission et au niveau des Comités Spécialisés) permettraient de créer un nombre sans précédent de « contextes institutionnels » qui à leur tour permettraient d'accroître la crédibilité des institutions. La crédibilité deviendrait une impulsion qui conduirait, voire qui contraindrait, les dirigeants nationaux à faire confiance aux institutions et donc à accorder beaucoup plus de privilèges et davantage de ressources financières, puisque l'organisation serait devenue dynamique, transparente et responsable. La communauté internationale en général et les donateurs en particulier seraient à tel point impressionnés par les nouvelles normes établies au sein de l'UA qu'ils n'hésiteraient pas à lui venir en aide par l'octroi d'aides substantielles pour financer les différents programmes. En retour, la nouvelle autonomie financière dont l'UA jouirait, indépendamment de sa portée limitée au début, devrait servir à renforcer les institutions et à façonner les préférences des États membres. Quant aux États membres, ils finiraient par devenir plus ouverts et moins réticents à la concession de pouvoir juridique à la Commission de l'UA. Lorsque chaque État membre découvrirait les progrès réalisés par la Commission qui aurait abattu un excellent travail en lui allégeant la charge, la confiance augmenterait certainement. Alors, ces derniers n'hésiteraient plus à s'acquitter de leurs cotisations et ne seraient plus réticents à accorder des fonds financiers supplémentaires pour aider les institutions à fonctionner. La redistribution équitable du pouvoir entre les institutions de l'UA est la clé pour une intégration réussie. Aucun gouvernement supranational ni aucun super État fédéral n'émergeront sans la prise en considération de ces paramètres. La rhétorique ne suffit pas et les politiques ne servent à rien sans ces changements et ces réformes fondamentaux. L'UA a besoin d'entreprendre certaines réformes, tandis qu'elle continue dans sa politique de coopération régionale. En d'autres termes, les réformes doivent aller de paire avec les transformations régionales. Le point de départ de ces réformes est la transformation institutionnelle interne qui conduira inévitablement à des institutions fortes et crédibles qui accéléreront le processus d'intégration.

Toutefois, des résultats de cette analyse, l'« institutionnalisation de l'UA » n'est pas encore totalement enclenchée et engagée parce que les règles prévalant n'autogénèrent pas encore suffisamment une dynamique entrainante. En l'absence d'institutions fortes, il n'y a aucune réalisation importante à envisager. Les résultats suivants, obtenus à partir de l'analyse, peuvent être considérés comme les causes majeures de la faiblesse des institutions de l'UA :

- Constat 1: La question de la souveraineté est à son point culminant au sein de l'UA ;
- Constat 2 : L'UA manque de fonds ;
- Constat 3 : Les institutions de contre-pouvoir sont inefficaces ;
- Constat 4 : La société civile joue un rôle marginal ;

- Constat 5 : Il y a manque d'une vision commune ;
- Constat 6 : Il existe un conflit d'identité ;
- Constat 7 : Le processus d'institutionnalisation est au point mort.

IV. Conclusion et recommandations

Le processus de l'intégration en Afrique est très complexe. Il soulève, d'une part, l'épineuse question de la souveraineté des États modernes, et d'autre part, beaucoup de questions sous-jacentes telles que: le nombre d'États, la culture des peuples africains et leur mode d'organisation en société, l'inégalité économique et le sous-développement du continent. Toutes ces interrogations amènent plus d'un à penser et à reprendre l'idée que l'intégration ne pourra pas être possible et que l'UA est une utopie. Ce travail ne partage pas ce point de vue, mais reconnaît plutôt que l'intégration en Afrique est problématique, simplement en raison des conditions politiques, économiques et socioculturelles qui ont prévalu depuis les indépendances. Ceci établi, l'objet de cet ouvrage consiste à répondre aux questions inhérentes à cette problématique pour rendre réalisable l'UA. Il eut donc fallu établir une question de recherche qui a été formulée de la simple manière suivante : Pourquoi l'UA n'a-t-elle pu réaliser qu'une infime partie de ses objectifs que sont, entre autres, l'unité, la paix, la sécurité, le développement et la prospérité sur le continent? Aussi simplement que possible, la réponse trouvée à cette question est la suivante : l'UA n'a pas pu réaliser ses objectifs principaux à cause de la faiblesse de ses institutions. Autrement dit, les conditions sus-indiquées qui ont prévalu depuis les indépendances ne sont pas le problème ; le véritable problème c'est les institutions qui demeurent faibles, impuissantes face aux réalités et donc inefficaces. Cette réflexion cherche à démontrer que, malgré le nouveau projet constitutionnel de l'UA, lequel semble donner une certaine importance aux institutions, celles-ci ne jouent qu'un rôle limité lorsqu'il s'agit de déterminer la conduite des États membres et l'intérêt des autorités nationales qui sont toujours en position dominante. Les divers arguments développés ont mis l'accent sur la distribution inégale du pouvoir entre les institutions, les divergences et la confusion dans la détermination des priorités des États membres, le manque d'autonomie des institutions, notamment la Commission de l'Union, le contexte institutionnel fragile et le conflit d'identité au sein des institutions.

Au premier chapitre, il a été indiqué que l'Afrique n'en est pas à sa première expérience en matière d'intégration. Dès 1963, l'OUA a été fondée dans le but de libérer le continent africain de la domination impérialiste et de créer l'unité des peuples ; subséquemment, des organisations régionales ont vu le jour dans chaque région de l'Afrique. L'esprit, qui a guidé la mise en place des CER, est que les États membres doivent s'unir d'abord dans leurs régions respectives avant de s'unir au niveau continental. Dans leur marche vers la régionalisation, les États ont insisté sur l'importance de l'intégration économique comme condition préalable à l'intégration politique. Dès 1991, l'OUA a rendu effective et obligatoire la création de la CEA, connue sous l'appellation du « Traité d'Abuja ». Le Traité d'Abuja avait été conçu pour renforcer les communautés régionales existantes, planifier et coordonner les différents programmes régionaux, et enfin, fixer un délai pour leur exécution, tout en prenant en compte la spécificité de chaque région. Cependant, les bilans d'activité de l'OUA - en tant qu'organisation politique continentale - et des CER - en tant qu'organisations économiques régionales - étaient si médiocres, au point que les chefs d'État ont décidé de créer l'UA, afin d'accélérer le processus d'intégration sur le Continent, au sommet de Syrte en Libye, le 9 septembre 1999. Par suite d'intenses discussions mêlées de nombreuses résistances internes, l'UA a finalement pris forme en 2002 à Durban en Afrique du Sud et les principales institutions que sont l'Assemblée, le Conseil exécutif et la Commission ont été établies ; quant au reste des institutions, un délai a été fixé pour leur mise en place. Cinq années plus tard, en raison des faibles exploits enregistrés, l'UA est devenue la risée de nombreux observateurs qui n'hésitent pas à citer souvent l'ancien Secrétaire Général des Nations Unies, Mr Kofi Annan qui, lors de la cérémonie inaugurale de l'UA, mettait déjà en garde en ces termes : « Soyons prudents afin de ne pas prendre l'espoir pour l'accomplissement.» (Meredith 2005, 681). Pour les acteurs du processus de l'intégration, c'est un devoir suprême de trouver une solution aux problèmes. Lorsqu'on sait, qu'après l'ère coloniale, l'Afrique n'a jamais joui d'une stabilité politique particulière, il est plus que nécessaire, voire urgent, que les États s'unissent, coopèrent et forment une communauté à l'instar de l'Europe. Du reste, semble-t-il, c'est l'unique issue pour les peuples africains dont la souveraineté a été très tôt compromise par l'héritage laissé par les superpuissances d'hier dont la stratégie consistait à diviser les tribus homogènes et les territoires, et à regrouper les tribus hétérogènes et les terres sous la tutelle de l'administration coloniale. Il y a lieu que ces aspects coloniaux soient saisis dans toute leur ampleur et pris en considération dans la conduite du processus de l'intégration.

Au second chapitre, il a été procédé à l'analyse critique de la littérature du concept d'intégration. Il existe plusieurs théories discutables de l'intégration. Cependant, elles sont divisées en deux branches principales : les théories classiques et les néo-théories. Alors que le leitmotiv des classiques consistait à trouver le meilleur moyen de mettre un terme à la guerre ayant ravagé l'Europe, les modernistes, quant à eux, ont préféré se concentrer sur l'explication du cours de l'UE ; d'où le label de théories explicatives de l'intégration européenne attribué aux néo-théories. Toutes les néo-théories de l'intégration sont utiles et compatibles avec leur temps. Elles sont subdivisées en trois branches : L'approche des RI, l'approche comparative et l'approche de politique publique. L'approche des RI est composée de la théorie du néo-fonctionnalisme et de la théorie du gouvernementalisme libéral. Les néo-fonctionnalistes expliquent comment un engagement ou une fusion préalable, dans un secteur économique donné pourraient avoir un effet « d'entraînement » ou de « débordement » sur d'autres secteurs, une fois que les États prennent conscience des avantages y afférents. Quant aux gouvernementalistes libéraux, ils font valoir la suprématie des autorités nationales et les atouts des gouvernements nationaux dans l'élaboration du processus d'intégration. La deuxième branche des néo-théories d'intégration est l'approche comparative, aussi appelée nouvel institutionnalisme, lequel est divisé en : perspective du choix rationnel, institutionnalisme historique et institutionnalisme sociologique. Les nouveaux institutionnalistes, quelles que soient les positions occupées, soulignent l'importance des institutions dans l'élaboration du processus d'intégration, car les institutions « importent » pour eux. Ainsi, par exemple, les rationalistes expliquent qu'une fois les institutions fondées, les acteurs sont disposés à en faire un usage stratégique conforme à leur propre intérêt. Afin de soutenir leurs arguments, ils se concentrent sur la distribution du pouvoir au sein de ces institutions dont le rôle joué dans le façonnement du comportement et des préférences des acteurs est démontré. Les institutionnalistes historiques soulignent le rôle de l'histoire et les engagements antérieurs ou décisions passées des acteurs dans le façonnement du processus d'intégration. En effet, ils soutiennent que l'histoire crée le contexte, et qu'à son tour, le contexte influence les voix qui, en dernier ressort, déterminent les choix. Enfin, parmi les nouveaux institutionnalistes, figurent les institutionnalistes sociologues qui soutiennent l'importance de l'identité des acteurs dans le façonnement du processus de l'intégration. Selon eux, les acteurs de l'intégration, quelle que soit leur position, viennent de différents milieux socioculturels et sont dotés de différents comportements. Une intégration couronnée de succès transcende les barrières cognitives des acteurs et identifie les mécanismes normatifs et culturels par lesquels le comportement et l'identité de l'État sont édifiés. En outre, les institutionnalistes sociologiques cherchent comment créer une nouvelle identité qui puisse influencer les intérêts et les pratiques de l'État aussi bien que les structures normatives internationales. Le dernier groupe au sein des néo-théories est l'approche de politique de réseaux qui, à la différence des autres, cherche à dévoiler les choses confidentielles, les échanges et négociations dans les coulisses pouvant façonner les politiques au quotidien. Peterson et Bomberg ont donné au réseau politique une définition complète comme étant « un groupe d'acteurs dans lequel chacun a un intérêt ou un enjeu dans un secteur politique donné de l'UE et la capacité de contribuer à déterminer le succès ou l'échec de la politique » (Bromberg et Stubb, 2003, 12). Les différentes approches pour expliquer le modèle d'intégration de l'UE sont si variées et instructives. Cependant, pour des raisons liées à l'objet de la recherche, l'étude s'est basée uniquement sur la théorie du nouvel institutionnalisme pour expliquer le processus d'institutionnalisation de l'UA, ce qui signifie qu'on a pris en compte les éléments et les mécanismes permettant aux institutions de l'UA de façonner le processus de l'intégration. Il a d'ailleurs été conclu au troisième chapitre de l'ouvrage que les institutions de l'UA sont faibles en raison de l'inexistence de certains éléments ou de l'absence de la logique d'institutionnalisation prônée par le nouvel institutionnalisme, laquelle logique ou approche doit être nécessairement développée au sein de l'UA ?

Au troisième chapitre, il a été procédé à l'analyse des éléments extraits du nouvel institutionnalisme ; lesquels éléments constituent le noyau de cette théorie et aussi les dominantes qui permettent d'expliquer le rôle et l'importance des institutions. Faudrait-il rappeler qu'il n'existe aucune théorie de l'UA qui ait pu aller au-delà de l'« idéologie » du panafricanisme et qui ait été l'objet d'intenses débats par des chercheurs et des scientifiques de l'intégration ? Par conséquent, durant la recherche, on a dû faire face à un manque chronique de documentation qui n'a pas facilité un examen approfondi et étendu de ces éléments. Ainsi, l'analyse a pris en compte les éléments qu'elle a appliqués et testés dans le contexte africain. Malgré tout, de l'analyse de ces éléments, il ressort des conclusions intéressantes. Cependant, avant d'en arriver à ces conclusions, il est nécessaire d'éclairer la méthodologie de recherche. Au cours de la recherche et considérant la nature des éléments que l'étude a analysé, les techniques suivantes de la méthode discrète de recherche ont été privilégiées : l'analyse du contenu, l'analyse historique comparative et l'analyse des statistiques existantes. Les conclusions ont été classées dans l'ordre ci-après :

Conclusion 1 : Le problème de souveraineté est capital au sein de l'UA

L'analyse révèle que les autorités nationales, qui sont en fait les acteurs-clefs, sont peu disposées à renoncer à leur souveraineté. Ce fait se manifeste de deux façons :
Premièrement, par la concentration du pouvoir entre les mains de l'Assemblée et du Conseil exécutif de l'Union.
Deuxièmement, par la privation de la Commission de tout pouvoir constitutionnel. La Commission, qui devrait être le « moteur » de l'Union, ne joue qu'un simple rôle de secrétariat. Elle n'a pas pleins pouvoirs pour initier et exécuter une politique. Le problème de souveraineté a de tout temps été le défi principal auquel fait face l'organisation et qui, jusqu'ici, sape les efforts consentis.

Conclusion 2 : L'UA manque de fonds

Le manque de fonds de l'UA compromet le fonctionnement des institutions existantes en particulier et le développement de l'Union en général. Il a un impact certain sur la survie des institutions, à telle enseigne que le PPA attend encore des fonds avant de reprendre ses activités. Par ailleurs, la CAJ et beaucoup d'autres institutions prévues par l'AC sont inefficaces en raison du problème récurrent de manque de moyens financiers. Certains États membres ne paient pas leurs cotisations pour plusieurs raisons. En effet, certains États, comme la Somalie par exemple, sont presque inexistants, et d'autres, comme le Zimbabwe, sont en proie à une sévère crise économique nationale qui les empêche d'honorer leur engagement.

Conclusion 3 : Les institutions du contre-pouvoir sont inexistantes

Le PPA et la CAJ doivent être les « gardiens » et les garants d'une UA qui se veut efficace. Ils se doivent d'être respectivement la matérialisation de la participation des citoyens dans le processus d'intégration et l'autorité qui assurent l'interprétation des textes et leur obéissance par les États membres. Le fait qu'ils ne fonctionnent pas accentue la suprématie des autorités nationales et rend le système de l'UA non démocratique. En tant que contre-pouvoir à l'Assemblée et au Conseil exécutif, ces institutions sont importantes, voire indispensables, pour la légitimité et la crédibilité de l'UA vis-à-vis d'une part des citoyens qu'elles sont supposées représenter et, d'autre part, de la communauté internationale avec laquelle elles sont censées œuvrer d'un commun accord.

Conclusion 4 : La Société civile joue un rôle marginal

L'expérience de l'UE démontre que la société civile est un puissant acteur, indispensable et inévitable dans le processus d'intégration. À l'UA, il n'existe pas encore un contexte institutionnel favorisant l'émergence d'une société civile authentique. Le seul organe, et malheureusement encore insuffisant, au sein duquel la société civile peut s'exprimer est le CESC, qui n'est doté que d'un statut consultatif. La société civile pourrait retrouver sa pleine souveraineté quand d'autres institutions, y compris le NEPAD, auraient été mises en place. De plus, c'est seulement lorsque les Africains choisiront eux-mêmes leurs représentants au PPA à travers de véritables élections démocratiques, que l'on pourra véritablement se rassurer du rôle de la société civile, laquelle, on ne doit pas l'oublier, est le seul acteur indépendant qui puisse vraiment mettre la pression sur les autorités nationales.

Conclusion 5 : La vision commune fait défaut au sein de l'UA

La vision est un élément très important dans la vie d'une organisation. Une vision, ce n'est pas seulement le communiqué officiel que l'on peut retrouver dans les documents, mais aussi l'adhésion ou l'engagement sincères de toutes les parties et de tous les acteurs au but ultime. Au sein de l'UE, la vision d'une Europe forte, globale, paisible et prospère, est partagée par tous les acteurs quel que soit leur pays d'origine ; les disputes ne surviennent que lorsqu'ils ne réussissent pas à s'entendre sur les moyens leur permettant d'atteindre les objectifs de leur mission. À l'UA, il n'existe pas de vision « légitimée », c'est-à-dire une vision commune et partagée par tous les États membres. C'est la seule façon d'expliquer l'inexécution des décisions. Il y a déjà des conflits récurrents entre les décideurs sur la forme définitive de l'UA. Il s'ensuivra que les déclinaisons politiques de la vision feront l'objet de contestation par les grandes puissances et les grandes coalitions. Tous ces désagréments ont un impact sur le mode de gouvernance. Par exemple, la vision de l'UE a valorisé les trois piliers[58] de la fondation européenne, l'adoption d'une gouvernance multidimensionnelle et l'émergence d'un gouvernement supranational. Quant à l'UA, ces multiples objectifs inopportuns sont manifestement impossibles à réaliser avec l'actuelle approche gouvernementale. Une nouvelle vision claire doit servir de point de départ pour les prochaines actions.

Conclusion 6 : Il y a conflit d'identité

Il y a conflit et crise d'identité au sein des institutions de l'UA. En vérité, 53 États impliquent plus ou moins 53 identités culturelles et valeurs normatives différentes. Le nouvel institutionnalisme conseille de briser les barrières cognitives et de construire un pont reliant ces différentes identités, afin de faciliter l'intégration. Et cela ne peut se réaliser sans la contribution de quelques mécanismes techniques d'apprentissage et de socialisation qui, apparemment, sont inexistants au niveau de l'UA. Les conflits culturels actuels, entre les employés anglophones et francophones de la Commission et entre les employés orientaux et occidentaux de la Commission, révèlent l'ampleur de la divergence des identités culturelles. Cependant, avec l'analyse de la variable

---

[58] Les trois piliers de l'UE sont respectivement : la Communauté Européenne, la Politique Etrangère et de Sécurité Commune et les Affaires intérieures et la Justice, formellement appelée Coopération Judiciaire et de Police en matière de criminalité.

« identité » dans l'étude, un accent a été mis sur les éléments « démocratie », « bonne gouvernance » et « solidarité », étant donné qu'ils peuvent conduire vers un consensus multilatéral et substantiel – comme au sein des NU - entre les acteurs des institutions de l'UA plus que ne peuvent le faire les éléments culturels. Malheureusement, certains États membres sont éloignés de ces normes de gouvernance ; seulement quelques-uns d'entre eux ont connu une avancée significative ces dernières années. Il faut souhaiter qu'avec la pression de la communauté internationale, des bailleurs de fonds et les revendications de la société civile interne, il soit possible d'espérer des signes positifs et qualitatifs de changement. Les prochaines années seront plus déterminantes pour la survie des régimes et des États en Afrique. Plus grand sera le nombre des régimes démocratiques qui auront adhéré aux principes de bonne gouvernance en Afrique, mieux se portera l'UA !

Conclusion 7 : Le processus d'institutionnalisation est bloqué

Sans ce processus d'institutionnalisation, aucune amélioration significative n'est envisageable à l'UA. Le processus d'institutionnalisation a pour but d'amener les acteurs à changer de comportement et à adopter des positions plus favorables à l'intégration. La faiblesse des institutions de l'UA vient de l'absence des éléments et aspects intégratifs du processus d'institutionnalisation. Comme la construction de l'UA n'est pas encore achevée et que des procédures claires font encore défaut, il est question de s'inquiéter sérieusement sur la capacité des institutions à façonner le processus d'intégration. Ce n'est qu'une fois les institutions renforcées et le pouvoir convenablement réparti, qu'on pourra véritablement admettre que le processus de l'institutionnalisation de l'UA est amorcé.

Cette étude a suffisamment expliqué la nature du processus d'institutionnalisation.[59]

Une chose est d'identifier les anomalies au sein de l'UA ; une autre est de proposer des recommandations en vue de remédier aux faiblesses. Le souci de fournir des propositions réalistes et pratiques a guidé les recommandations ci-après. Ces recommandations sont simples et portent sur des éléments moins susceptibles de semer le désaccord. Leur mise en œuvre transformerait le comportement des acteurs et agents à divers niveaux. Les recommandations suivantes visent, essentiellement, la réduction de l'influence des autorités nationales, tout en abordant indirectement et subtilement la question de la souveraineté des États membres.

Recommandation 1 : Une nouvelle direction à la Commission

Le Président actuel de la Commission de l'Union passe son dernier mandat à la tête de l'organe. Au prochain sommet de l'UA à Accra, en Juin 2007, le Président de la Commission, l'ancien Président du Mali, le Professeur A. O. Konaré, cédera son fauteuil. Dans plusieurs de ses allocutions, il a souvent souligné la nécessité que la Commission de l'UA soit plus indépendante. Mais sa personnalité n'a pas assez pesé dans la balance qui n'a jamais basculé en sa faveur, malgré son titre d'ancien Président et ses deux mandats passés à la tête de l'UA. Son influence sur les chefs d'État n'a eu aucun impact ; en effet, ces derniers l'ont toujours considéré comme leur secrétaire. Le prochain sommet est une occasion idéale pour changer le style de direction et de leadership. Le poste de Secrétaire de la Commission est un poste-clé et sensible. Il doit revenir à un individu qui a prouvé sa capacité dans la conduite des changements institutionnels et qui jouit de longues années d'expérience en diplomatie, en affaires internationales et en administration générale. L'UA a besoin d'un cadre capable qui pourrait donner un nouveau souffle à l'organisation, un

---

[59] Chapitre III.

personnage charismatique, dont le leadership et la capacité à s'attaquer aux problèmes épineux sont incontestables. Quelqu'un de la trempe de l'ancien Secrétaire Général de l'ONU, le Ghanéen Kofi Annan, pourrait avoir le profil idéal au poste de Président de la Commission. Mr Kofi Annan, durant ses deux mandats à la tête des NU, a montré ses aptitudes dans le management d'une grande organisation internationale. C'est un homme de consensus, pétri d'expérience et bien averti des problèmes et défis qui minent le continent africain. Ses longues années au sein du système des NU lui ont permis de se conformer volontiers aux valeurs intrinsèques[60] de l'organisation. Il sera aussi le moins soumis aux manipulations des chefs d'État africains.

Recommandation 2 : Priorité doit être donnée à la transformation institutionnelle

En parcourant le volume 3 du document de la Commission de l'UA, document qui mentionne les programmes prioritaires pour « accélérer l'intégration du Continent », il est étonnant de constater que le plan de transformation institutionnelle constitue la dernière priorité. Or, il devrait occuper la première place des vingt-quatre autres programmes en liste. On peut aussi faire une autre observation. Sur le site internet de l'organisation, se trouve un avis relatif de vacance de poste du Directeur en charge de la transformation institutionnelle de la Commission. Ceci dit, c'est bien après 5 ans du lancement de l'UA, qu'un tel poste demande à être pourvu ! Voici une situation qui doit requérir une attention considérable. Le terme « transformation institutionnelle » tel qu'employé dans la documentation de l'UA peut porter à confusion. Ce dont l'UA a besoin n'est pas de simples actions superficielles consistant à combler des postes vacants, introduire des normes de direction en ressources humaines, pourvoir la Commission d'un système informatique sophistiqué ou d'une connexion internet à haut débit. Bien davantage ! L'UA a besoin d'une bonne intervention

---

[60] Respect de la diversité, de l'intégrité et du professionnalisme.

chirurgicale, de mesures intenses et de profondes réformes qui ne demandent pas nécessairement beaucoup d'investissements. La situation financière actuelle de l'organisation requiert la formulation de nouvelles ambitions réalistes. Cela veut dire que les 26 programmes prioritaires sont trop nombreux. Ils doivent être réduits à trois ou cinq programmes prioritaires au maximum. Sincèrement, il y a des programmes que la Commission de l'UA ne peut entreprendre, parce qu'ils relèvent du domaine de compétences des États membres, gouvernements nationaux ou organisations régionales.

Une fois que de nouvelles ambitions, des buts, et des objectifs réalistes auront été définis, il faudra ensuite, introduire une nouvelle identité basée sur des valeurs que les acteurs eux-mêmes définiront et adopteront d'un commun accord. Par exemple, l'UA pourrait s'inspirer des valeurs suprêmes des NU que sont, le respect de diversité, l'intégrité et le professionna-lisme, pour mettre en place son propre système de valeurs. La création d'une nouvelle identité politique est un défi pour la Commission. Ce défi auquel fait face la Commission revient à gérer 53 milieux socioculturels divers, et très souvent contradictoires. L'émergence d'une nouvelle identité collective est un pas important dans le développement et la transformation des institutions. Le résultat escompté est que la nouvelle identité de la Commission puisse être assez forte et assez attractive pour façonner le caractère des uns et des autres, des acteurs et agents en compétition. C'est pour cela qu'il faut encourager des pourparlers sur les réformes plutôt qu'un simulacre de transformation ; c'est une nécessité. On pourrait conseiller vivement à l'UA de s'inspirer du programme de réforme interne de la Commission de l'UE avant de s'engager dans l'élaboration de nouvelles directives à la réforme interne de l'UA.[61]

---

[61] Voir Tableau 4.1.

Tableau 4.1 :
Le Programme de réforme interne de la Commission

Principes et Buts	Mesures primordiales
Service orienté à la Culture de la Commission Cinq principes essentiels • Indépendance des intérêts sectoriels et nationaux • Division précise des tâches • Responsabilité • Efficacité • Transparence	• Nouveaux Codes de conduite des Commissaires et des relations entre les Commissaires et les départements • Paiement plus rapide des factures : au plus tard 60 jours après réception • Accord de renforcement des relations avec le Parlement Européen • Chartes des Arbitres • Amélioration de l'accès public à la documentation • Directives pour consultation des groupes de la société civile ; liste publique des groupes d'intérêt dans les comités et groupes de travail. • E-Commission, accessibilité électronique des documents et contacts
Fixation des priorités répartition et utilisation judicieuse des ressources • Planification stratégique • Externalisation des tâches secondaires	Introduction du Nouveau Management Public • Management basé sur les activités : Nouveau système chargé de l'organisation des activités substantives et non budgétaires de la Commission. • Stratégie politique annuelle (SPA) combinée avec le programme annuel de management (PAM) : La Commission fixe les priorités politiques et répartit les ressources dans la SPA, qui sert de base au PAG des départements. Mise à jour chaque trimestre. • Descriptions de jobs détaillées et mises à jour régulières pour chaque cadre. • Nouvelles règlementations pour le déploiement des tâches secondaires : délégation aux agences de l'U.E, décentralisation aux administrations nationales, sous-traitance aux partis privés.

Gestion des Ressources humaines basée sur la méritocratie • Mérite au-dessus de la nationalité • Formation managériale • Mobilité et flexibilité	• Réforme du personnel : structure de carrière à deux niveaux, réorganisation du personnel occasionnel, changements dans les provisions de paiement et de pension. • Formations : augmentation quadruplée du budget, critère de compétences administratives pour la promotion. • Nouvelle loi à l'intention des fonctionnaires nationaux en détachement. • Administration supérieure : compétition ouverte, mérite et expérience, aucun quota national, mobilité obligatoire. • Règlements transitoires pour l'accroissement des candidats
Gestion financière • Décentralisation • Procédures plus simples et plus rapides	• Séparation du contrôle financier et audit interne des comptes ; création de deux services centraux – l'un pour aider les DGs à gérer leurs finances, et l'autre pour diriger l'audit interne. • Responsabilité financière décentralisée dans les DGs, si possible, jusqu'à un cadre particulier donné. • Coopération étroite avec les administrations nationales • Renforcement de l'OLAF ; Bureau chargé de la lutte contre les fraudes.

Source : *Commission site Internet : http://europa.eu.int/cmm/reform/index_en.htm; (Peterson and Shackleton 2006,157)*

Recommandation 3 : Chercher de nouvelles sources de financement

Une nouvelle direction et une véritable transformation institutionnelle devraient rendre la Commission de l'UA plus crédible auprès de la communauté internationale et des principaux bailleurs de fonds. La Commission devrait donc pouvoir attirer, par ses propres mécanismes de levée de fonds, plus de financement, des bailleurs de fonds qui sont actuellement sceptiques quant à la capacité de l'organisation à se conformer aux principes de bonne gouvernance. Actuellement, les cotisations des États membres sont insuffisantes pour les activités et les multiples projets de l'UA. Redéfinir les priorités en limitant les ambitions reviendrait à épargner des fonds et donc dégager suffisamment de liquidité. Ce surplus pourrait être réinvesti dans d'autres secteurs des nouveaux programmes. Trouver des fonds supplémentaires en dehors de la cotisation des États membres est crucial pour la survie et l'autonomie de la Commission. De plus, les acteurs doivent s'efforcer de trouver des moyens pour encourager la création de nouvelles taxes ; par exemple, des taxes sur les tickets de voyage des destinations africaines, comme beaucoup l'ont déjà suggéré. Cependant, la décision d'inciter de nouvelles taxes aura d'autant plus de crédibilité lorsque les États membres se conformeront à leur engagement de contribuer à hauteur de 0,5 % de leur budget national au budget de l'UA.

Un financement supplémentaire peut être mobilisé à partir des industries, notamment celles de la transformation minière, de raffinerie de pétrole, d'abattage de bois, et des compagnies similaires dont les activités mettent à l'épreuve le fragile écosystème du Continent. Les usines, qui émettent plus de gaz carbonique (CO_2) que requis, doivent subir la rigueur de la loi en payant des taxes plus élevées (pollueur-payeur). Les activités de ces multinationales ont des conséquences on ne peut plus désastreuses sur l'environnement. Ces activités bien connues de tous, pourtant, ont des effets nuisibles incommensurables et affectent gravement l'écosystème naturel ! Ces compagnies sont coresponsables du réchauffement du Continent.

Recommandation 4 : Changer le mode de vote

On pourrait s'attaquer au problème de souveraineté en changeant le mode de vote. L'UA a déjà fourni un grand effort en faisant adopter, dans ses statuts, le mode de Vote à la Majorité Qualifiée (VMQ) qui, de loin, est meilleur que le vote par consensus ou à l'unanimité. Aucun État membre ne jouit du droit de veto, quand bien même les États disposeraient de plus d'un moyen pour faire échouer les décisions de l'UA. Même avec le VMQ, le nombre d'États reste trop élevé pour permettre une prise de décision rapide et efficace. Il est à suggérer alors que le prochain Sommet approuve le mode de Vote à la Majorité Simple (VMS) qui requiert seulement 27 membres pour qu'une décision soit légitime plutôt que les 40 membres actuellement requis. Le changement du mode de vote pourrait constituer le premier acte posé par le nouveau Président de la Commission ; ce sera son premier test. À cet effet, ce dernier devra faire valoir toutes ses connaissances, son savoir-faire et ses compétences afin de convaincre les chefs d'État d'adopter cette résolution salutaire qui, sans nul doute, va nécessiter beaucoup de négociations et de tractations. Ce sera un dur labeur pour le nouveau Président.

Recommandation 5 : À propos du recrutement des Membres du CESC

Comme indiqué précédemment, le CESC est le forum de la société civile composé des ONGs, et d'autres groupes publics organisés. Au sein de l'UA, aucun manuel de procédures élaboré ne permet d'apprécier la manière dont les ONGs sont recrutées et engagées dans le forum. Toutefois, il semblerait que ce soit les gouvernements nationaux qui soient habilités à les choisir et les envoyer comme représentants de la société civile nationale. Si ces observations sont vérifiées, cela implique une fois de plus, que les autorités nationales contrôlent la participation de la société civile au débat. On peut comprendre aisément l'influence que peuvent exercer les exécutifs nationaux sur ces ONGs qui ne sont plus indépendantes et libres de tout jugement. En principe, l'administration de la Commission devrait être la seule entité habilitée à contrôler le processus de recrutement et de sélection des ONGs ; évidemment, sans excéder le quota déjà préétabli. La sélection et le recrutement des ONGs doivent se faire de façon professionnelle et impartiale.

La priorité devrait seulement être accordée aux ONGs actives, c'est-à-dire à celles qui ont prouvé sur le terrain leur capacité à piloter des programmes relatifs aux différents problèmes d'intégration et qui, en fait, ont fait montre d'une autonomie complète vis-à-vis de leur gouvernement. Ces ONGs doivent être privilégiées au cours de la sélection et du recrutement. Il faudrait ensuite élaborer des programmes pour le renforcement des capacités des acteurs de la société civile. Et puis les faire jouir d'une accréditation définitive auprès de l'UA. Il est un peu regrettable de rencontrer, à l'UA, des organisations dont les finalités n'ont rien en commun avec ce dont il s'agit : l'intégration. Aujourd'hui, il faut éviter la dispersion - qui a un coût - au niveau de l'UA. La Commission de l'UA devra suivre cette sagesse populaire de Lénine : « Ce n'est pas le nombre qui compte, mais la qualité ».

Il ne faut pas confondre intégration et coopération entre États. L'intégration doit répondre à des normes distinctes de celles qu'il faut dans la conduite d'une coopération. À y voir de près, on a toujours confondu intégration et coopération, intégration et diplomatie. C'est la raison pour laquelle l'intégration en Afrique est devenue désillusion malgré le nombre incalculable de sommets, d'échanges et de résolutions. Cependant, l'espoir est permis ; mais il réside dans le commencement de la transformation institutionnelle qui est à tout point de vue utile et secourable pour l'UA. Le changement escompté ne sera pas automatique, car il y a des difficultés évidentes dans l'administration d'une organisation de 53 États, telle que l'UA. Quant aux États africains, ils devraient faire face encore à certains problèmes et à de nombreux défis comme l'intervention et l'interférence des superpuissances qu'elles soient États, multinationales, institutions financières internationales en activité sur le sol africain. La tâche n'est pas du tout facile pour ces États africains confrontés à une myriade de problèmes sous-jacents. Tous ces problèmes n'ont pu être pris en compte dans l'étude. Or, la quête d'une meilleure solution aux problèmes de l'intégration et du sous-développement doit être sans repos. C'est pour cette raison qu'il faut encourager des recherches supplémentaires dans des domaines, secteurs, ou sujets spécifiques ; ceci est souhaitable et opportun. Par exemple, on pourrait se focaliser et avoir comme hypothèse de départ d'une future recherche la faiblesse des États ou des organisations régionales économiques. Les théories appropriées permettront certainement d'expliquer sous un autre angle le blocage au sein de l'UA. En effet, l'horizon des recherches est étendu et, assurément, les résultats seront différents et aussi révélateurs de la complexité du sujet. Pour le moment, la présente étude ambitionne de se positionner comme une référence académique pour les recherches ultérieures. Comme on s'en est vite aperçu, l'UA manque de documentation théorique ; il devient donc utile de poser les bases contribuant à la construction d'une théorie complète de l'intégration africaine. C'est le premier pas. En outre, il serait utile de se concentrer davantage sur l'institutionnalisme historique qui énonce la primauté de l'histoire, en tant que créatrice du contexte qui détermine les voix ou les choix des acteurs. Ici, il sera très salutaire d'approfondir l'analyse des éléments conduisant à cette transformation. Enfin, l'identité politique des États de l'UA, dans une plus grande mesure, pourrait faire l'objet d'autres recherches stimulantes. Toutefois, aborder le problème de la culture des peuples africains devrait constituer le travail d'un groupe d'experts bien avertis de l'histoire et de l'organisation sociale de l'Afrique. Toutes ces ébauches et pistes de recherches serviraient non seulement à la construction de l'UA, mais devraient contribuer à enrichir la littérature sur la question de l'intégration en général, laquelle actuellement est limitée à la seule région de l'Europe. Si ces recherches sont réalisées à temps et leurs recommandations exécutées, l'UA commencera à émerger et à s'affirmer dans l'arène politique internationale. Alors, ce serait un tournant décisif et un accomplissement digne dans l'histoire de l'Union !

Références bibliographiques

Livres

Ake, C. (1967) : A theory of political integration. Homewood, Ill. Dorsey Press.

Babbie, E. R. (2004) : The practice of social research. Belmont, CA: Thomson/Wadsworth. Bach, Daniel. 1999. Regionalization in Africa : Integration & disintegration. Oxford U.K.; Bloomington; J. Curry; Indiana University Press.

Bayart, J-F. (1993) : The state in Africa: The politics of the belly. London; New York: Longman.

Bomberg, E. and Stubb, A. C. (2003) : The European Union : How does it work? Oxford: Oxford University Press.

Bratton, M. and Van de Walle, N. (1997) : Democratic experiments in Africa: Regime transitions in comparative perspective. Cambridge: Cambridge University Press.

Bulmer, S., and Lequesne, C. (2005) : The member states of the European Union. Oxford: Oxford University Press.

Clapham, C. (1996) : Africa and the international system: The politics of state survival. Cambridge: Cambridge University Press.

Davidson, B. (1994) : Modern Africa: A social and political history. London; New York, Longman.

Engel, U. and Olsen, R. (2005) : The African exception. Aldershot: Ashgate. Khadiagala, Gilbert M., and Terrence Lyons. 2001. African foreign policies : Power and process. Boulder, Co.; London: Lynne Rienner Publishers.

Macevan, P. J. M. (1965) : The study of Africa. Edited, with notes and commentaries, by peter J. M. McEwan and Robert B. Sutcliffe. [with maps.]. pp. xii. 444. Methuen & Co.: London.

Meredith, M. (2005). The state of Africa : A history of fifty years of independence. London; New York, Free Press.

Nelsen, B. F., and Stubb, A. C. (2003) : The European Union: Readings on the theory and practice of European integration. Basingstoke: Lynne Rienner Publishers.

Peterson, J., and Shackleton, M. (2006) : The institutions of the European Union. Oxford; New York, Oxford University Press.

Rosamond, B. (2000) : Theories of European integration. Basingstoke; New York, Macmillan; St. Martin's Press.

Sawani, Y. M. (2005) : Reflections of African scholars on the African Union. Libya: The World Center for the Studies and Research of the Green Book.

Schneider, G. and Aspinwall, M. (2001) : The rules of integration: Institutionalist approaches to the study of Europe. Manchester, Manchester University Press.

Taylor, P. G. (1993) : International organization in the modern world: The regional and the global process. London; New York, Pinter, Distributed in the United States and Canada by St. Martin's Press.

Thomson, A. (2000) : An introduction to African politics. London ; New York, Routledge. Wallace, W. 1990. Introduction: The dynamics of European integration.

Webster, M. (1993) : Webster's third new international dictionary of the English language, unabridged with seven language dictionary. Chicago; London, Encyclopedia Britannica.

Articles

AU Commission, March (2004) : Strategic Framework of the African Union Commission. Addis-Abeba - African Union.

AU Commission (2004) : Plan Stratégique 2004-2007. Addis-Ababa: AU Commission.

_____. (Mai 2004). Afrique Notre destin commun Addis-Abeba: African Union.

_____(2004) : Action Plan 2004-2007: 'Program for accelerating the integration of the Continent'. African Union.

Baffour, A. and Bazid, A. K. (2003) : Who says Africa is independent ? (Cover story). New African, no. 420 (07//): 12-16.

Buyoya, P. (2005) : Toward a Stronger African Union. Brown Journal of World Affairs 12, no. 2

(12//Winter2005/Spring2006): 165-175.

Charbal, P. (1998) : A few considerations on democracy in Africa. International Affairs 74, no. 2 (04): 289.

Charbal, P. (2002) : International Affairs 78, no. 3 (07): 447-462. Ghorbal Samy. 2007. Peut-on sauver l'UA? Jeune Afrique, 33-38.

Gottschalk, K. and Schmidt, S. (2004) : The African Union and the New Partnership for Africa's Development: Strong Institutions for Weak States. Internationale Politik und Gesellschaft 4, no. 2004: 138–158.

Ilorah, R. (2004) NEPAD : The Need and Obstacles. African Development Review 16, no. 2:223-251. Database on-line. Available from Google.

Magliveras, K.D. and Naldi, G.J. (2002) : The African Union-A New Dawn for Africa ? International and Comparative Law Quarterly 51, no. 2: 415-425.

Muchie, M., Padayachee, V. and Habib. A. (2006) : African Integration and Civil society: The Case of the African Union. Transformation: Critical Perspectives on Southern Africa 30, no. 61: 3-25. Database on-line. Available from Google.

Nyirabu, M. (2004) : APPRAISING REGIONAL INTEGRATION IN SOUTHERN AFRICA. African Security Review 13, no. 1: 21-32.

Onu, G. (2003) : The institutional consequences of domestic politics on Africa's international relations and regional cooperation. Internet on-line. Available from <www.isanet.org/noarchive/onuhtml>.

Packer, C. A. A. and Rukare, D. (2002) : The New African Union and Its Constitutive Act. The American Journal of International Law 96, no. 2 (Apr.): 365-379.

Rosett, C. Annan's son took payments through (2004) : May 11, 2007 2007. Internet on-line. Available from <http://www.nysun.com/article/5372>. [March, 12, 2007].

Tieku, T. K. (2004) : Explaining the clash and accommodation of interests of major actors in the creation of the African Union. African Affairs 103, no. 411: 249-267.

Williams, P. D. (2005) : POLITICAL QUARTERLY-

LONDON THEN OXFORD- MACMILLAN THEN BLACKWELL- 76, no. 4: 529.

CNN. Internet on-line. Available from <http://www.cnn.com/2007/WORLD/africa/03/29/zimbabwe.summit/index.html.

Department of Foreign Affairs, Republic of South Africa. Address by prof. Alpha Oumar Konare, chairperson of the African Union commission, at the university of South Africa (UNISA).Internet on-line. Available from <http://www.dfa.gov.za/docs/speeches/2006/konare0624.htm>. [02, 25, 2007].

Europa World online. National contribution to the EU budget. 2007. Internet on-line. Available from <http://www.europaworld.com/entry/wb02049.io.txt.1052479239>.

NEGRITUDE. Internet on-line. Available from <http://en.wikipedia.org/wiki/N%C3%A9gritude>.

Towards a People-Driven African: Current obstacles and New opportunities. 2007. Great Britain: OXFAM GB.

Constitutive Act. 2007. Internet on-line. Available from <http://www.africaunion.org/root/au/AboutAu/Constitutive_Act_en.htm>.

Table des matières

Remerciements 9
Préface 11
Avant-propos 13
Abréviations 17

I. Introduction 19
   A. Objectifs de la recherche 29
   B. Importance de la recherche 31
   C. Expériences de l'Afrique en matière de coopération 34
      1. L'Organisation de l'Unité Africaine 35
      2. La Communauté Économique Régionale (CER) .. 36
      3. L'Union Africaine 37
      4. Évaluation de la coopération 38
   D. Historique des États africains 40

II. Définition du concept 47
   A. Définition et dimensions de l'intégration 48
      1. Définition 48
      2. Dimensions de l'intégration 49
   B. Les théories de l'intégration 51
      1. Théories classiques 52
      2. Les nouvelles approches ou les « nouvelles théories » 55

C. Contribution des théories de l'intégration 63
D - Applicabilité des théories de l'intégration 66
E. Les éléments d'étude 73
    1. Conceptualisation 75
    2. Opérationnalisation 78
III. Institutionnalisation de l'UA 83
A. Distribution de pouvoir des institutions 84
    1. Institutions, Règles et Procédures 85
    2. L'élaboration des politiques au sein de l'UA 86
    3. L'accès des groupes sous-nationaux 89
B. Préférences des États membres 91
    1. Les intérêts commerciaux de l'Afrique du Sud 92
    2. Les craintes sécuritaires du Nigéria 94
    3. La Libye et les États-Unis d'Afrique 95
    4. L'utilisation stratégique des institutions 96
C. Autonomie 98
    1. L'autonomie juridique ou légale 99
    2. Autonomie financière 100
D. Contexte institutionnel 102
E. Identité 105
    1. À quoi tient l'identité africaine ? 107
    2. Le bilan de l'Afrique en matière de culture démocratique 109
    3. L'expérience de l'Afrique en matière de bonne gouvernance 111

4. La solidarité en Afrique 115

5. Le processus d'apprentissage et de socialisation au sein de l'UA..117

6. Conclusion 119

IV. Conclusion et recommandations 123

Références bibliographiques 141

AFRIQUE

Dernières parutions

Abolition de la peine de mort et constitutionnalisme en Afrique
Mbata Betukumesu Mangu André
Le procès à l'encontre de la peine de mort est apparue au sein de l'Assemblée nationale de la République Démocratique du Congo, avec l'introduction d'une proposition de loi pour son abolition. Cet ouvrage examine les différents arguments développés en vue de l'abolition ou du maintien de la peine de mort en droit positif congolais. Il se termine par une plaidoirie en faveur de l'abolition de cette peine qui est la plus inhumaine des condamnations, et la plus grave violation du droit à la vie. *(Coll. Etudes africaines, 20.00 €)*

L'affaire H. Habré et l'affaire du Joola : une justice pénale controversée ?
Bouaré Mady Marie
Cet ouvrage est le résultat d'une analyse de la doctrine et de la jurisprudence sur deux situations juridiques et judiciaires qui impliquaient utilement des convergences relativement aux questions de droit interne mais aussi de droit international. L'étude fait une analyse comparative dynamique des affaires H. Habré et Joola, afin de mieux expliciter la complexité des faits et des questions de droit soulevés. *(12.50€)*

L'amour et la prévention du SIDA
Mutaka Philip
Ce livre contient des informations essentielles sur le sida, délivre différents messages adressés à des catégories spécifiques de personnes. Il lance un appel pour proscrire les traditions malsaines contre les femmes et propose une annexe dont les textes encouragent à une vie sexuelle responsable. *(24.00 €)*

Le Biyaïsme. Le Cameroun au piège de la médiocrité politique, de la libido accumulative et de la (dé)civilisation des mœurs
Amougou Thierry
Comment un régime qui suscita moult espoirs aux Camerounais s'est transformé en une *masturbation politique* au service du plaisir solitaire de garder le pouvoir coûte que coûte, au point de se considérer comme la *fin de l'histoire*? Le pays peut-il en sortir et comment ? Cette analyse sociopolitique propose 30 mesures pour sortir le Cameroun tant de la crise sociale que de la crise civique. *(Coll. Pensée Africaine, 34.50 €)*

Le cinquantenaire économique du Congo-Brazzaville. Fonctionnariat et entreprenariat
Itoua Patrice "Lepatrick" - Préface de Renaud Fabre
L'héritage économique fondamental du Congo Brazzaville a été le fonctionnariat au mépris de l'entreprenariat. Ainsi, pendant 25 ans, le Congo n'a fait que rembourser sa dette. Grâce au fait que le pays atteigne le point d'achèvement de l'initiative PPTE, l'espoir de développement du Congo est permis. Quel défi relever pour les 50 prochaines années ? Le Congo, en tant que nation indépendante, reste à construire. *(Coll. Etudes africaines, 19.50 €)*

Le développement de l'industrie du tourisme au Cameroun. A la découverte de l'Afrique en miniature
Cameroon Holiday's
Au mois d'avril 2011, la Société Financière de Tourisme et de Loisirs (SOFITOUL) a organisé une grande manifestation de promotion touristique du Cameroun, baptisée Cameroon Holiday's. Il s'agissait de présenter la nouvelle ambition touristique du Cameroun aux journalistes de la presse spécialisée et aux professionnels du tourisme et des loisirs. Ce Livre Blanc synthétise les recommandations faites par les participants. *(13.00 €)*

Electrification en Afrique. Le cas du Gabon (1935-1985)
Lekoulekissa Rodrigue
Ce livre analyse les mutations de la société gabonaise déclenchées par l'introduction de l'électricité. Pour chacune des périodes étudiées, le secteur électrique apparaît comme un enjeu majeur d'urbanisation, de l'aménagement du territoire et de développement des comportements sociaux. Au-delà de son intérêt historique, cette étude met en évidence le caractère indispensable de l'électricité. *(Coll. Etudes africaines, 33.50 €)*

Histoire des organisations d'étudiants africains en France (1900-1950)
Dieng Amady Aly
Le système colonial n'a jamais favorisé l'accès des Africains à l'enseignement supérieur, il avait pour objectif majeur de former des fonctionnaires auxiliaires et de ne délivrer que des diplômes locaux. A la fin de la Deuxième guerre mondiale, le nombre d'étudiants africains a augmenté grâce à des bourses et la période 1945-1950 a vu naître des organisations politiques et syndicales d'étudiants africains (AGED/ FEANF/AERDA), pour lutter en faveur de l'indépendance.
(Coll. Etudes africaines, 22.00 €)

Inventer un nouvel espace public en Afrique. Le défi de la diversité ethnique
Yenshu Vubo Emmanuel
Depuis la fin des années 1960, l'idée de nation a évolué : elle n'est plus fusionniste ni ethnique. On assiste aujourd'hui aux revendications ouvertes pour la reconnaissance des identités. La résurgence récente des tensions intercommunautaires dans le monde appelle à une réflexion sur la question de la diversité ethnique, la pluralité culturelle et l'impératif de convivialité. Comment combiner l'exigence de vie en commun dans un seul cadre étatique avec la diversité ethnique qui s'impose ? *(Coll. Harmattan Cameroun, 13.50 €)*

Langues et discours en contextes urbains au Cameroun (dé)construction - complexités
Tsofack Jean-Benoît, Feussi Valentin(éds.)
Les contributions qui structurent cet ouvrage questionnent des pratiques plurilingues ou interculturelles de locuteurs. Dans une logique pluridisciplinaire (linguistique, sociolinguistique, littéraire...), elles présentent les bases de ce que serait une urbanité langagière au Cameroun.
(Coll. Espaces discursifs, 22.00 €)

Le lémurien : du sacré et de la malédiction (Madagascar) (2e édition) *Harpet Claire - Préface de Claude Allibert*
Les liens multiples et antagonistes que les Malgaches entretiennent avec les lémuriens, tantôt vénérés et sacrés, tantôt inspirant la terreur, ont tous une signification, que cet ouvrage se propose d'approfondir, afin de dégager les rapports que les hommes de la Grande Île, dans la cohérence de leur philosophie, entretiennent avec les lémuriens. *(17.00 €)*

Lettre à la jeunesse gabonaise. Pour une intensification de la résistance morale et intellectuelle à la saga despotique des Bongo
Bekale Marc Mvé
Arrivé au pouvoir grâce à une parodie électorale, Ali Ben Bongo a mis en place une stratégie politique qui consiste à étouffer les voies discordantes, à se servir des forces armées, à vérouiller l'appareil d'Etat, à refuser au peuple gabonais le libre choix de se dirigeants politiques. Résister à ce régime n'est pas l'affaire d'un jour. Un nouvel ordre devra être arraché par la lutte. L'émergence véritable du Gabon apparaît consubstantielle à la violence.
(Coll. Modernité africaine, 7.00 €)

Négritude et francophonie. Paradoxes culturels et politiques
Akinwande Pierre - Préface Henri Senghor
Léopold Sédar Senghor, Aimé Césaire et Léon-Gontran Damas, des écrivains habités par l'urgence d'une reconquête de l'identité et de la diversité de l'homme de couleur. Inspirés par les "ancêtres" négro-américains et antillais, aidés de nombreux autres écrivains et artistes noirs de la diaspora, ils s'engagent à travers des œuvres poétiques, dramatiques et par l'action politique, prônant un rapprochement des cultures noires avec d'autres civilisations, en particulier les cultures francophones. *(Coll. Etudes africaines, 31.00 €)*

Pour une alternative générationnelle : l'humanisme
Dia Khassimou
Pour l'auteur, les changements réels qu'attendent les Sénégalais n'interviendront qu'avec l'alternance générationnelle et la mise en place d'une alternative générationnelle. Le nouvel humanisme se propose de changer radicalement le fondement actuel de la société qui devrait être recomposée autour de l'être humain. Une fois ce protocole conceptuel dégagé, ce livre d'orientation expose une claire vision d'un Sénégal nouveau. *(Coll. Harmattan Sénégal, 11.00 €)*

Société civile l'autre voie du développement de l'Afrique
Djoumessi Jean-Baptiste - Préface de Maurice Tadadjeu
Le peuple exerce sa souveraineté par ses élus, mais aussi, directement et quotidiennement, par la société civile. La société civile devrait jouer le rôle de gardienne de la démocratie et des libertés, pour pousser l'Afrique dans la transition vers l'état de droit et la sortir de la marginalisation. Si la société civile relève ce défi au cours du XXIe siècle, l'Afrique rejoindra alors le peloton de tête du genre humain.
(Coll. Problématiques africaines, 25.00 €)

⇒ retrouvez toutes nos parutions
sur http://www.editions-harmattan.fr

L'HARMATTAN, ITALIA
Via Degli Artisti 15; 10124 Torino

L'HARMATTAN HONGRIE
Könyvesbolt ; Kossuth L. u. 14-16
1053 Budapest

L'HARMATTAN BURKINA FASO
Rue 15.167 Route du Pô Patte d'oie
12 BP 226 Ouagadougou 12
(00226) 76 59 79 86

ESPACE L'HARMATTAN KINSHASA
Faculté des Sciences sociales,
politiques et administratives
BP243, KIN XI ; Université de Kinshasa

L'HARMATTAN CONGO
67, av. E. P. Lumumba
Bât. – Congo Pharmacie (Bib. Nat.)
BP2874 Brazzaville
harmattan.congo@yahoo.fr

L'HARMATTAN GUINEE
Almamya Rue KA 028, en face du restaurant Le Cèdre
OKB agency BP 3470 Conakry
(00224) 60 20 85 08
harmattanguinee@yahoo.fr

L'HARMATTAN CÔTE D'IVOIRE
M. Etien N'dah Ahmon
Résidence Karl / cité des arts
Abidjan-Cocody 03 BP 1588 Abidjan 03
(00225) 05 77 87 31

L'HARMATTAN MAURITANIE
Espace El Kettab du livre francophone
N° 472 avenue du Palais des Congrès
BP 316 Nouakchott
(00222) 63 25 980

L'HARMATTAN CAMEROUN
BP 11486
Face à la SNI, immeuble Don Bosco
Yaoundé
(00237) 99 76 61 66
harmattancam@yahoo.fr

L'HARMATTAN SÉNÉGAL
« Villa Rose », rue de Diourbel X G, Point E
BP 45034 Dakar FANN
(00221) 33 825 98 58 / 77 242 25 08
senharmattan@gmail.com

655691 - Mai 2016
Achevé d'imprimer par